Salário Emocional

Marina Simão

Salário Emocional

Teresina
2017

Texto de acordo com a nova ortografia

Copyright © by Marina de Jesus Carvalho Simão • 2017

Capa
Foco Propaganda

Composição do texto/redação final
Gabriela Monteiro

Ilustrações
Jota A.

Diagramação e Revisão
Rosa Pereira

Impressão
Gráfica e Editora Halley

Todos os direitos reservados. De acordo com a lei n.˅ 9.610, de 19/02/01998, nenhuma parte deste livro pode ser fotocopiada, gravada, reproduzida ou armazenada num sistema de recuperação de informação ou transmitida sob qualquer forma ou por meio eletrônico ou mecânico sem o prévio consentimento do autor e do editor.

Dados Internacionais de Catalogação na Publicação (CIP)
Ana Cristina Guimarães Carvalho CRB 3/1087

S588s Simão, Marina de Jesus Carvalho. Salário emocional / Marina de Jesus Carvalho Simão. – Teresina: Halley S.A. Gráfica e Editora 2017.
158 p.: il.

ISBN: 978-85-65219-63-1

1. Administração de pessoal – aspectos psicológicos.
2. Inteligência emocional. 3. Felicidade no trabalho.
4. Relações humanas. 5. Competência emocional. I. Título.

CDD: 658.31

---

simao@hotmail.com
fone: (86) 9 9992 3032

Prefácio

É uma honra e um prazer imenso prefaciar o primeiro livro da competente e estimada Marina Simão. Livro que reúne um variado leque de conhecimentos e atitudes, que foram constituídos e amadurecidos ao longo do seu caminho de formação profissional enquanto palestrante, instrutora e consultora empresarial. Mais do que isso, o livro também expressa o resultado de uma trajetória repleta de experiências e aprendizagens de uma mulher de muita coragem e de muito vigor.

Falar de Marina Simão é muito fácil. Superinteligente, honesta, séria, comprometida com o que faz e ligada às transformações do mundo moderno. Uma pesquisadora sempre em busca de conhecimento e uma pessoa preparada para o mundo e para o sucesso, que enfrenta sol e chuva e que nunca se deixa abalar pelas dificuldades da vida. Por diversas razões, não me furtei ao nobre convite, pois entendo que os temas abordados aqui são válidos e, sobretudo, imprescindíveis para o atual contexto em que vivemos.

Na condição de prefaciador, tenho o privilégio de apresentar ao leitor um livro rico em termos teóricos, que tem o desafio de se instituir como um dos primeiros estudos sobre salário emocional no Brasil. Uma obra que, sem nenhuma dúvida, servirá de referência na área e que poderá balizar outras pesquisas. Além desse mérito, que por si só já justifica sua publicação, Marina Simão ainda nos presenteia com páginas repletas de afetos, sensibilidades e amor. Ela traz uma luz para refletirmos sobre as relações que se estabelecem no ambiente de trabalho de maneira mais fluída e menos mecânica. Portanto, proponho aqui um passeio sobre minhas impressões a respeito da obra.

A proposta é audaciosa. A questão do salário emocional é bastante atual. O mundo inteiro está comentando sobre o tema. Conceituar um termo que está em voga não é uma tarefa das mais fáceis. Contudo, a autora tem a notória habilidade de tornar termos aparentemente complexos em algo simples de se explicar e de se entender. Sua forma de escrever despretensiosa, intercalando trechos conceituais com situações do seu próprio cotidiano, faz com que a leitura seja agradável e nem um pouco cansativa. O livro cativa e cada capítulo deixa um gosto de quero mais.

Reflexo de observações ao longo de sua carreira e fruto de sua dissertação de mestrado, a obra elaborada por Marina Simão busca nos aproximar do conceito de salário emocional partindo de um dos principais elementos que o compõem: as emoções. Já no primeiro capítulo somos instigados a compreender o significado das emoções e a importância da inteligência emocional tanto no âmbito pessoal quanto no profissional. Dialogando com importantes autores e também dando seu depoimento sobre como aprendeu a ser emocionalmente inteligente, a autora nos proporciona uma reflexão acerca de como o lado emocional tem forte impacto dentro das organizações. Essa é uma das características mais notáveis do trabalho e o fio que conduz toda a sua discussão, mas não é o único ponto intrigante debatido.

Marina Simão aborda temas diversos. Entre eles, o papel que os líderes exercem no processo de "gerenciamento" das emoções. Um detalhe interessante é que, além de demonstrar as tipologias de líderes existentes, ela também nos conta como transitou de uma líder autoritária (no início da carreira) para uma líder mais democrática (atualmente). Isso sem desmerecer o líder do tipo autoritário, que é o adequado para alguns grupos e algumas situações, mas buscando indicar que a posição de liderança pode ser flexível. O capítulo chama a atenção também para um dos grandes desafios a ser enfrentados pela liderança, que é direcionamento das emoções do grupo ou emoções coletivas.

Em busca de criar uma base conceitual sobre o salário emocional, o livro ainda vai diferenciar remuneração, salário, incentivo e benefício. São termos que ouvimos constantemente em nosso dia a dia e que usamos erroneamente como sinônimos. Marina explica a particularidade de cada termo, e como sua individualização é necessária para que possamos distinguir o salário emocional do salário efetivo, palpável. Além disso, o livro aborda a relação entre motivação e produtividade, destacando como ações emocionais são importantes ferramentas para aumentar a produtividade no trabalho. Aspectos interessantes que ajudam a construir a ideia que perpassa todo o argumento que a pesquisa visa consolidar.

O grande filão do livro é, sem sombra de dúvida, o capítulo que objetiva conceituar o termo salário emocional. Aqui encontramos a notável contribuição da obra e a razão principal de sua publicação. Atualmente, ouvimos muito falar em salário emocional, mas quando procuramos pesquisas no Brasil sobre o tema, quase nada encontramos. Marina Simão vem preencher essa lacuna apresentando um conceito que pode ser aplicado em diversas áreas de estudos e análises. Um conceito que foi construído a partir de suas próprias observações nas empresas, mas também através de pesquisas, como a realizada em sua dissertação de mestrado sobre a felicidade no trabalho. Sua conceituação parte da premissa de que esse tipo de salário se compõe não por retribuições financeiras, mas de caráter emocional, que são utilizadas pelas empresas como fatores motivacionais.

Um salário que não é dinheiro, mas que acaba se constituindo como uma forma de as pessoas se sentirem pagas pelo trabalho que realizam dentro de uma organização ou de uma empresa. Sobretudo porque são valorizadas, bem tratadas, elogiadas. Assim, o pagamento se dá em forma de reconhecimento. Com esse pensamento, o livro destaca que as emoções e os afetos são elementos importantes que constituem o mundo do trabalho, não podendo ser desprezados. Dessa forma, espero que com esta obra as pessoas entendam que o salário emocional é uma ação voltada para elas. E que, cada vez mais, os gestores e a sociedade atentem no fato de sua importância.

Por fim, ressalto mais uma vez a relevância desta publicação para estudantes, profissionais e a comunidade em geral, que passam a dispor de uma referência basilar sobre salário emocional. Para Marina Simão, que Deus lhe cubra de bênçãos para o sucesso que certamente irá alcançar. E para o leitor, fica o convite à leitura da obra.

Teresina, 19 de agosto de 2017.

Ricardo Bandeira
Empresário do ramo de cosméticos

Agradecimentos

A Deus, em primeiro lugar, por me amparar nos momentos difíceis e por me dar força interior para superar os obstáculos. E por colocar anjos em minha vida, que me protegem e me ajudam a seguir a caminhada nas horas incertas. Agradeço também a oportunidade de dar esse presente às pessoas especiais na minha vida.

À minha mãe, Teresinha de Jesus Carvalho Simão, por sempre ter me mostrado que o estudo é o melhor caminho a ser seguido, e ter passado boa parte do seu tempo, desde a minha infância, dedicando-se ao meu êxito escolar com muito amor. Foi essa marca que ela deixou na minha vida, que se reflete agora em minha fase adulta, e que me faz permanecer seguindo o mesmo caminho.

Ao Ricardo Bandeira, por estar sempre presente em momentos de alegria ou de tristeza, tornando a minha caminhada mais leve. E à Fátima Ribeiro, por ter despertado em mim a profissão de vendedora e ter me feito trilhar toda essa trajetória empresarial.

Ao Sebrae, sim, porque, desde os meus 15 anos frequento essa instituição, onde sempre fui acolhida e preenchida de conhecimentos que me fizeram alçar voos altos na minha trajetória profissional como estudante, empreendedora, instrutora, consultora e palestrante.

À Gabriela Monteiro, por ser um presente precioso, enviado por Deus, e por ter contribuído de todas as formas para que esta obra se tornasse realidade.

Por fim, meu agradecimento especial à jornalista carioca e produtora de conteúdo, Paloma Piragibe, que trabalha na produção de reportagem do programa "Mais Você", apresentado por Ana Maria Braga, na Rede Globo. Ela é uma dessas pessoas que entram em nossas vidas por acaso, mas que acabam mudando nossa forma de viver e ver o mundo. Foi ela quem fez o convite para que eu participasse do programa e divulgasse minha pesquisa sobre a felicidade no trabalho. E, também, foi através dela que surgiu a ideia de escrever o livro sobre o salário emocional. Por isso e por tudo o mais, muito obrigada!

"O AMOR FOI, O AMOR É, E O AMOR SEMPRE SERÁ A MAIOR FERRAMENTA DE TODO SER HUMANO"!

Marina Simão

Apresentação

Não sei se consigo expressar em palavras o que sinto agora ao publicar este livro. Um livro que representa o resultado de uma jornada de anos, permeada de muito trabalho e, principalmente, de muito amor. Nesse processo, eu acumulei uma bagagem rica em aprendizagem e afetos. Pude crescer pessoalmente e profissionalmente e pude, também, transformar a vida de pessoas e ser transformada por elas.

Para mim, falar sobre *Salário emocional*, hoje, representa isso: o ápice dessa transformação. Significa o meu processo de amadurecimento em um caminho com muitos obstáculos, mas que me orgulha muito. Foi por conta dessa trajetória que eu propus aqui, entre outras coisas, uma discussão sobre como o lado emocional tem impacto positivo nas relações de trabalho. Faço isso tentando trazer o meu olhar para a questão e minhas próprias experiências.

Ao longo dos anos venho trabalhando como consultora empresarial, instrutora e palestrante. Assim, boa parte das questões abordadas neste livro é fruto das observações e inquietações da minha carreira profissional. Também é resultado da minha pesquisa de mestrado sobre a felicidade no trabalho, a qual me fez conhecer diversos aspectos do salário emocional, que eu busco condensar nas próximas páginas.

É com muito orgulho e imensa felicidade que eu apresento meu primeiro livro. Espero sinceramente que ele sirva de inspiração para estudantes, pesquisadores, empresários e para a sociedade em geral. Que ele seja uma das portas de entrada para o debate e para o diálogo sobre o tema. E que, assim como a mim, ele motive as pessoas a transformar suas vidas e as de outras pessoas para melhor.

Esse sempre foi o meu objetivo. Como demonstram os depoimentos a seguir.

Marina de Jesus Carvalho Simão

"*Falar de Marina Simão é uma coisa boa. Quando a conheci, ela era bastante extrovertida e ao mesmo tempo muito impulsiva. Eu trabalhei com ela no setor de finanças e nós conversávamos muito. Tínhamos nossas diferenças. Sim, todos nós temos. Mas eu aprendi muito com ela. E acredito que ela aprendeu muito comigo também. Éramos mais que parceiras de trabalho. Eu me considerava sua irmã mais velha e dava conselhos. Ela ouvia. Por conta das atribulações da vida, agora nos falamos com menos frequência. Mas ela é uma pessoa maravilhosa. E aqui dou o meu depoimento e a razão disso. No período em que trabalhei com ela, eu tive um problema de saúde por conta de um erro médico. Foi uma fase muito difícil em minha vida. Nesse período, ela me surpreendeu com todo seu apoio. Eu devo muito isso a ela, porque dificilmente uma "patroa" faz isso que ela fez por mim. Portanto, falar da Marina é algo espetacular, porque ela é. Cada vez que falo com ela me surpreendo. E agora ela me surpreende mais uma vez com esse livro, que, com certeza, será um sucesso, pois ela merece. Ela tem um coração enorme. A Marina que conheci há oito anos não é a mesma de hoje. Hoje, ela é uma mulher madura e experiente, pois passou por muitas coisas boas e ruins. Agora ela está aí, mostrando que mudou, e eu agradeço por fazer parte dessa trajetória. Por diversas razões, eu desejo a ela tudo de bom. Que ela continue sendo essa guerreira, pois ela é uma pessoa que luta pelo que quer. Enfim, o que eu gostaria de dizer é: Marina, obrigada por fazer parte da minha vida! Antes, hoje e sempre".*

Bernarda de Araújo Lima (ex-colaboradora)

•••

"Falar sobre Marina Simão e sobre o período em que trabalhei com ela no setor financeiro não é difícil. Marina transformou meus pensamentos para melhor. Minha timidez, por exemplo, diminuiu 80%. Quando ela dizia, "hoje tem reunião", poderíamos ter passado o dia inteiro juntas, mas ao iniciar a reunião era como se fosse o início de tudo: foco e determinação sempre nos acompanhavam. Eu, por exemplo, me sentia sempre muito à vontade com ela. Mesmo ela sendo minha "chefa". No mundo do comércio sempre haverá momentos bons e ruins, mas ela sempre me motivava dizendo: "Cláudia, vamos botar pra cima!" Mas eu também chamava a atenção dela quando a encontrava, no horário de almoço, com as mãos cheias de bombons de chocolate na padaria do Alto da Ressurreição [risos]. É isso: foco e fé! Marina sempre rodeada de pessoas boas, trabalhadoras e abençoadas".

Cleudia Pontes (ex-colaboradora)

•••

"Trabalhar com a Marina Simão foi uma experiência única. Não posso dizer que não fui feliz, porque, sim, fui muito feliz. E, com altos e baixos, tivemos uma profissional em aprendizagem. A Marina era sempre alegre, mas, naquela época, não sabia lidar bem com as dificuldades. Devido a sua falta de experiência e pouca idade, tinha picos explosivos. Era uma líder que, às vezes, nos bloqueava. Sim, o medo bloqueia. Quando íamos ao campo e o dia não começava bem, já ficávamos com medo, pensando em como ela iria reagir. Então, o medo dominava a equipe e, de alguma forma, transparecia aos clientes. Por mais que tentássemos, não conseguíamos um bom resultado. Ao contrário dos dias alegres, com risos, brindes e mensagens motivacionais, que eram um sucesso só. Trabalhar com a Marina foi uma experiência maravilhosa, que contribuiu de forma positiva para

me tornar a pessoa que sou hoje. Temos de ser como esponjas: absorver as experiências positivas, as negativas ficam de aprendizagem".

Laurice Pinheiro (ex-colaboradora)

•••

"Bom, a experiência de trabalhar com a dona Marina eu descrevo como uma experiência de aprendizado e de amizade. Eu também obtive um crescimento, não só profissionalmente, mas como pessoa também. Aprendi a ter mais confiança nas coisas, a lutar pelo que eu quero, a expor o que estou sentindo, a ter responsabilidade com o que me propus a fazer, a ter sempre responsabilidade com meus horários, a não me fechar em uma zona de conforto e fazer só o meu trabalho, e sim correr atrás para ir além, ir atrás das metas e a andar sempre impecável com os objetos do trabalho. Por tudo isso, afirmo que trabalhar com a Marina foi espetacular e que com certeza levarei como aprendizado para a vida toda e também para o lado profissional".

Ana Karida Gomes (ex-colaboradora)

•••

"Marina, nos meus momentos de reflexão, chego a pensar como sou feliz em ter conhecido uma pessoa como você. Você preenche todas as expectativas de quem valoriza o caráter, a dignidade e, sobretudo, o princípio de justiça. Você é exemplo para quem está entrando na estrada da vida. Desejo-lhe todo o sucesso e felicidade nessa vida. Obrigada por tudo!"

Dorgilene Miranda (ex-colaboradora)

•••

"A experiência de trabalhar com Marina Simão foi ótima. Foi o meu segundo emprego, e eu era muito nova. Então, foi uma abertura para novos conhecimentos. E a Marina, como amiga, me ajudava e me auxiliava. Eu tinha dificuldade de apresentar os produtos e aprendi muito com ela a ser menos tímida. Eu acho que aprendi muito com relação a isso. Foi um crescimento pessoal, intelectual e também profissional. A liderança de Marina contribuiu bastante na parte de incentivos. Ela era sempre alegre e nos motivava a seguir em frente, a continuar, a conseguir resultados".

Karen Martins Ribeiro (ex-colaboradora)

•••

"Marina Simão, apesar de já terem se passado vários anos, parece que foi ontem que recebi aquele seu BOM DIA! BOA TARDE!, sempre motivador, que levantava qualquer astral. Uma "Chefa" na maior parte do tempo FELIZ, INCENTIVADORA e REALISTA. Você sabia ser uma líder, sabia ser exemplo, sabia ouvir, se comunicar e, o mais importante, reconhecia o real valor de cada colaborador. Sabia desenvolver as habilidades de cada um e valorizar, inclusive através de bonificações. Foi uma chefa competente, que sabia ser direta e dura sempre que necessário. Sem falar que nunca deixou de trabalhar seus pontos fracos. Tinha uma qualidade extraordinária, a de confiar em seus colaboradores, sempre fomentando a lealdade e a produtividade. Foram muitos momentos bons que passei ao lado dessa equipe MARAVILHOSA".

Helsyhellyhelsy Alves Pacheco Miranda (ex-colaboradora)

"*Se tem uma coisa que escutamos com frequência nos dias de hoje é: "não tenho tempo". O tempo parece ter virado inimigo de muita gente. Mas como aquilo que também é um combustível para a maior preciosidade de estarmos aqui (a vida) pode ser algo ruim? Marina Simão traz o tema "Salário Emocional" quando precisamos exercê-lo mais do que nunca. A correria, a necessidade de ter o dinheiro para pagar as contas no final do mês não podem apagar momentos necessários como estar com entes queridos, como ter tempo de cuidar da saúde antes de um problema aparecer, estar em contato com a natureza entre tantas outras coisas. Bom é saber que muitos patrões, empresas estão atentos para a importância da qualidade de vida dos seus funcionários e que trabalhadores também tentam encontrar formas e mostrar o quanto isso tudo também é fundamental na influência dos seus resultados. Marina traz um presente para os leitores. Como pesquisadora, ela traz ideias para evitarmos de falar "agora é tarde"; "já foi"; "gostaria de ter vivido mais".*

Paloma Piragibe é jornalista, trabalha na produção de reportagem do programa "Mais Você", apresentado por Ana Maria Braga na Rede Globo.

•••

"*Todos os dias vemos conceitos sendo criados, mas em minha avaliação, conceito apresentado aqui pela autora será um grande balizador na arte de gestão de pessoas e tornar-se-á parte das estratégias de empresas bem-sucedidas. Salário Emocional é o presente e o futuro da real liderança*".

Marcos Mazullo – Head trainer do treinamento DL - Desenvolvimento e Liderança do INEXH - Instituto Nacional de Excelência Humana.

SUMÁRIO

Introdução • 21

CAPÍTULO 1
Inteligência Emocional e Ações Emocionais • 27

CAPÍTULO 2
O Papel da Liderança e os Tipos de Líderes • 49

CAPÍTULO 3
Remuneração, Salário, Incentivos e Benefícios • 79

CAPÍTULO 4
Motivação e Produtividade • 91

CAPÍTULO 5
Salário Emocional • 107

CAPÍTULO 6
Composição do Salário Emocional • 125

CAPÍTULO 7
Salário Emocional: como mensurar? • 137

Considerações Finais • 151

Posfácio • 153

Referências • 155

Introdução

Você já ouviu falar em salário emocional? Sabe quais os principais fatores que o compõem? Sabe sobre a importância do salário emocional para o bem-estar dos colaboradores nas organizações? Eu, Marina Simão, convido você a fazer uma reflexão sobre essas questões neste livro.

Nos últimos anos foi possível perceber um avanço no campo dos estudos organizacionais no Brasil e, sobretudo, sobre a felicidade no trabalho. Nada obstante, a temática do salário emocional e sua importância para o bem-estar dos colaboradores nas organizações ainda permanece pouco estudada no país. Apesar de ganhar, paulatinamente, espaço na mídia e, até certo ponto, ser debatido entre os profissionais da área de gestão, continua sendo plausível afirmar que as pesquisas acadêmicas sobre o assunto ainda são escassas. Desse modo, as proposições levantadas sobre o salário emocional ainda carecem de informações mais específicas que as validem e que sirvam de referencial teórico-metodológico para futuros pesquisadores. É para superar essa lacuna que eu considerei que seria uma mais-valia dar o meu contributo nesse âmbito através dessa investigação.

Em minha experiência profissional, enquanto palestrante, instrutora e consultora empresarial, na área de vendas e de marketing, tive a oportunidade de dialogar com pessoas que são partes essenciais nas empresas: líderes, gestores e colaboradores. Possuo experiência de mais de oito anos como coordenadora de equipes de vendas, de promotores e distribuidores no ramo de cosméticos. Atualmente, trabalho também com treinamentos empresariais, realizo diversos eventos de marketing e merchandising, ministro workshops e palestras nas áreas de empreendedorismo, recursos humanos, planejamento estratégico e vendas. Nesse percurso, pude observar diretamente como os fatores emocionais, a exemplo da felicidade, são indicadores de grande impacto dentro das organizações. Essa dedução se deu, entre outras coisas, através das consultorias que eu realizei em empresas de diversos segmentos. Contudo, essa observação ainda não podia ser comprovada com dados científicos.

Posteriormente, quando ingressei no Mestrado em Gestão, vi a possibilidade de transformar essa observação em pesquisa acadêmica com evidências científicas que pudessem comprová-la. Assim, minha dissertação de mestrado versou sobre a felicidade no trabalho, mais especificadamente, o estudo questionava se os colaboradores das organizações de Teresina se consideravam felizes no trabalho e se havia influência do nível de felicidade na produtividade deles. Essa tarefa foi realizada através da aplicação de um questionário contendo 80 questões, envolvendo diferentes dimensões da felicidade no trabalho, composto por perguntas fechadas e abertas. A investigação permitiu concluir que a felicidade influencia positivamente a produtividade dos colaboradores no trabalho e o desempenho das organizações.

As respostas obtidas através dos questionários aplicados ainda revelaram outros dados pertinentes, entre eles, o salário emocional. Isso porque um dos itens questionava se existia alguma outra razão pela qual eles, os colaboradores, se sentiam felizes na organização em que atuavam. Mais especificadamente, o que os motivava a trabalhar e a permanecer na organização. A pesquisa evidenciou que os motivos são diversos e não estão associados apenas ao salário financeiro. Não estou querendo dizer com isso que o salário financeiro não pese na hora de um funcionário avaliar a empresa em que ele atua, mas foi observado, através das respostas, que esse tipo de remuneração não é o fator preponderante nessa valoração. Existem outros benefícios que foram mais citados pelos colaboradores do que o salário financeiro em si. Entre eles, o bom ambiente de trabalho, o bom relacionamento entre os colegas e as lideranças, e a possibilidade de desenvolvimento pessoal e crescimento dentro da empresa.

Desse modo, o estudo acabou revelando que os entrevistados ratificam a diferença entre valor financeiro e valor emocional. E que o valor emocional tem um peso igual ou maior do que o financeiro. Entre outros fatores, a pesquisa se mostrou relevante por tratar questões que dizem respeito à percepção dos colaboradores em relação à empresa em que atuam e aos fatores que influenciam o seu bem-estar e sua motivação no trabalho.

Partindo dessas considerações, este livro tem como objetivo aprofundar o estudo sobre o salário emocional e sua importância para o bem-estar dos colaboradores nas organizações. As questões-problema que o norteiam são: O que é salário emocional? Quais os principais fatores que podem ser elencados para formar o salário emocional? Como esses fatores influenciam o bem-estar, a motivação e a produtividade dos colaboradores no trabalho?

Essas questões serão respondidas no decorrer do livro que versa, obviamente, sobre salário emocional, mas também sobre minha trajetória profissional. Sobre como a experiência prática e o diálogo, ao longo dos anos, me fizeram avaliar a importância e a influência dos aspectos emocionais dentro das organizações. E, ainda, como o aprimoramento da inteligência emocional atua positivamente no desenvolvimento das competências e habilidades de liderança das pessoas nas empresas nas quais prestam serviços e, consequentemente, em suas vidas pessoais, no alcance de seus objetivos.

É interessante ressaltar que essas contestações não se apresentaram para mim de forma abrupta e completa. Ao contrário, elas foram construídas através de erros e acertos e de contínuas tentativas, que me fizeram crescer como profissional e como pessoa.

Hoje, procuro ser uma estimuladora e uma facilitadora para as pessoas que desejem buscar novos rumos para suas vidas, oferecendo o melhor dos sentimentos, do conhecimento e das atitudes. Isso se dá através de palestras e consultorias. E agora também através deste livro.

Para uma melhor compreensão dos temas abordados, o livro foi dividido em capítulos.

O Capítulo I versa sobre as emoções e sua importância no interior das organizações ou mesmo em nosso cotidiano. Para responder a esses questionamentos, irei me balizar na literatura especializada, mas também buscarei trazer meu ponto de vista pessoal para o debate.

O Capítulo II aborda acerca do papel que o líder desempenha na atualidade e as tipologias de líderes mais proeminentes. O objetivo é também enfocar o papel que a liderança exerce no processo de coordenação das ações de cunho emocional no interior das organizações.

O Capítulo III tem como objetivo diferenciar os conceitos de remuneração, salário, incentivos salariais e benefícios. Essa diferenciação é necessária para que depois possamos compreender melhor o conceito de salário emocional e como ele se diferencia do salário convencional.

O Capítulo IV aborda a temática da motivação e visa compreender como ela se relaciona com a produtividade. Nesse sentido, objetiva realizar uma discussão de base teórica, fundamentada na literatura, sobre esses dois conceitos.

O Capítulo V busca construir uma definição sobre o salário emocional que possa delinear melhor essa discussão e que contribua para futuros trabalhos sobre o tema. Ademais, trata da importância do salário emocional para o bem-estar dos colaboradores nas organizações e apresenta as vantagens que ele pode trazer para as empresas e para os empregados.

O Capítulo VI traz à baila alguns dos resultados obtidos por meio da pesquisa, apontando, especialmente, quais foram os elementos mais citados pelos colaboradores na hora de compor o salário emocional.

Por fim, o Capítulo VII apresenta a mensuração do salário emocional, sugerindo formas para sua aplicabilidade e destacando sua flexibilidade, que deve ser condizente com a realidade de cada empresa.

•••

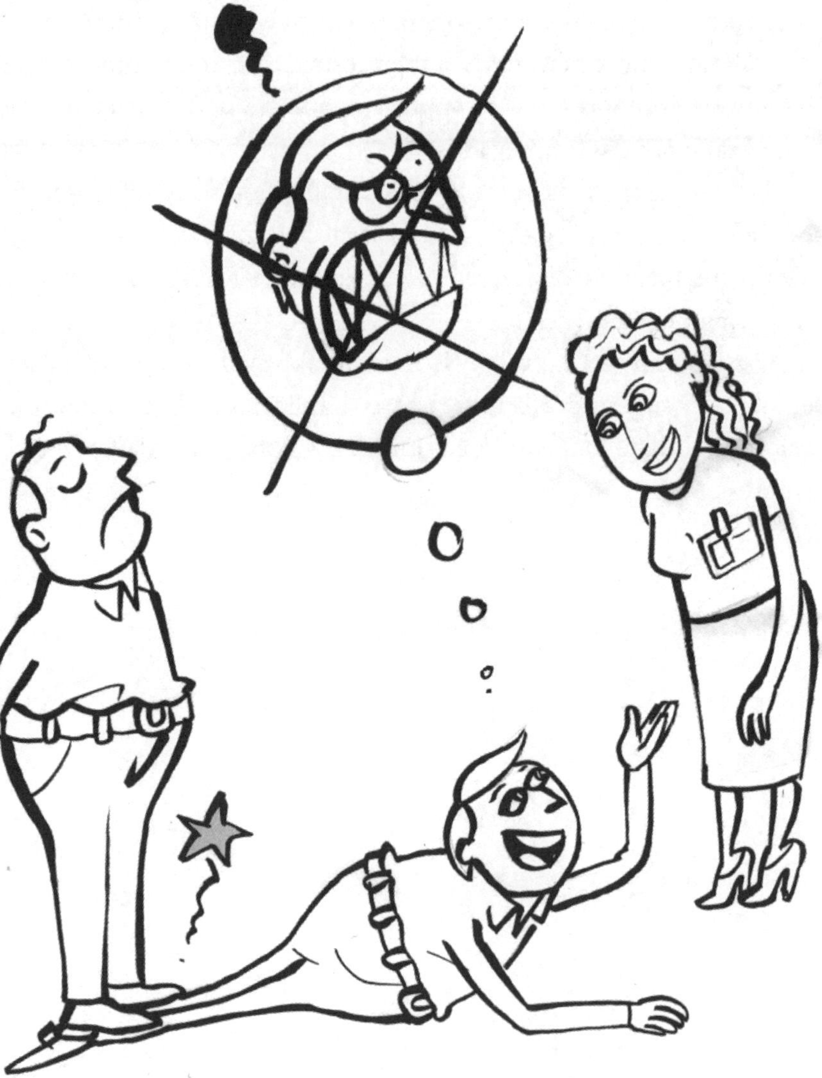

CAPÍTULO 1

Inteligência Emocional e Ações Emocionais

O salário emocional pode ser entendido como um conjunto de ações emocionais realizadas pelo gestor ou líder de uma empresa ou organização, a fim de proporcionar benefícios aos colaboradores, de forma a incentivá-los e motivá-los no trabalho.

Neste capítulo, farei algumas considerações sobre as emoções e sua importância no interior das organizações ou mesmo em nosso cotidiano. Mais especificadamente, os questionamentos que eu proponho são:

- Qual a importância das emoções no ambiente de trabalho?
- Como podemos utilizar as nossas emoções de modo a melhorar o nosso desempenho pessoal e profissional?

Para responder a esses questionamentos, irei recorrer à literatura especializada, mas também buscarei trazer meu ponto de vista pessoal para o debate.

Primeiramente, preciso especificar o que quero dizer quando emprego o termo "emoção", uma palavra difícil de se definir. Muitas interpretações foram elaboradas e consolidadas em outros trabalhos. A análise bibliográfica permitiu perceber que a maioria deles afirma que a emoção é uma reação do corpo humano desencadeada por um estímulo externo. Esse processo envolve reações orgânicas e sensações pessoais.

Convém destacar que sentimento e emoção são comumente interpretados da mesma forma. Contudo, *sentimento* representa uma resposta à emoção e é influenciado por fatores internos, como experiências pessoais, memórias e crenças. Diferentemente do sentimento, é que orientado para o interior, a *emoção* seria uma resposta do nosso organismo diante de estímulos exteriores. Essa resposta pode aparecer de diferentes formas no corpo humano, como alterações na expressão facial ou a tensão nos músculos que algumas pessoas expressam ao receber uma notícia ruim, por exemplo.

De modo geral, as emoções resultam de mudanças no organismo em função de mudanças percebidas no ambiente. Elas fazem parte da nossa vida e fazem parte também da natureza complexa do ser humano, que condiciona a ação humana à emoção. Indo um pouco mais longe, é possível afirmar que todas as nossas ações são reflexos de nossas emoções. Esse é um dos motivos que fazem o estudo das emoções ser de grande relevância: elas acompanham as pessoas ao longo da vida, seja em casa, seja no trabalho.

No contexto empresarial, quando se fala em emoção, as pessoas tendem a achar que estamos procurando atenuar as relações de trabalho. Na verdade, o trabalho vem usualmente sendo entendido apenas sob o ponto de vista negativo: "eu preciso de dinheiro, logo, eu preciso trabalhar". Todavia, Confúcio (551-479 a.C.) já havia alertado que, quando fazemos aquilo que amamos, não precisamos trabalhar um único dia da nossa vida. Ou seja, o trabalho só é ruim quando não nos proporciona satisfação, alegria, prazer. Quando trabalhamos por e com amor, ele ganha outra perspectiva. Isso porque o amor é uma emoção que nos leva a bendizer uma pessoa, um animal ou uma coisa. E como o amor se relaciona com o trabalho?

O amor é um fenômeno complexo que produz diversas substâncias em nosso corpo. Entre elas, podemos citar a adrenalina, a dopamina, a oxitocina e a serotonina. A adrenalina é responsável pela aceleração do coração e pela excitação. Ou seja, ela nos deixa prontos para reagir a determinadas situações. A dopamina é responsável pela produção da felicidade ou do prazer. A oxitocina, também conhecida como hormônio do amor, é responsável por várias reações no organismo, entre elas, desenvolver apego entre as pessoas. Por fim, temos a serotonina, responsável pelo humor. Ou seja, quando estamos fazendo algo por amor, estamos liberando diversas substâncias que de uma forma ou de outra vão nos proporcionar a sensação de bem-estar e felicidade. Por isso, as emoções, como o amor, são de fundamental importância no trabalho.

Por terem a mesma raiz etimológica, a palavra "emoção" também pode ser entendida da mesma forma que a palavra "motivação". Ou seja, o impulso que leva o indivíduo a tomar uma ação. Desse modo, as emoções são responsáveis por boa parte dos nossos comportamentos ou tomadas de decisão. Além disso, elas são úteis de diversas formas. Elas nos ajudam, por exemplo, a evitar um perigo quando sentimos medo. Por outro lado, quando esse medo se torna constante, pode levar a um comportamento negativo, ou até mesmo se transformar em uma disfunção.

Comumente, é aceita a teoria de que os seres humanos possuem quatro emoções básicas: medo, raiva, tristeza e alegria. Todas as pessoas experimentaram uma dessas emoções pelo menos uma vez na vida e elas são facilmente identificadas na face humana. Um sorriso, por exemplo, é sinal de alegria. Já as lágrimas podem ser associadas à tristeza.

Nos estudos acadêmicos, de modo geral, quando falamos em emoção, pensamos logo em um termo bastante difundido nos estudos organizacionais e de psicologia positiva: Inteligência Emocional (IE). Apesar de contribuições teóricas anteriores, a origem do termo vem usualmente sendo atribuída aos pesquisadores estadunidenses Peter Salovey e John Mayer (1990). Eles definiram a Inteligência Emocional

como a capacidade de perceber e expressar emoções usando-as e gerindo-as de forma a gerar crescimento pessoal. Essa concepção engloba quatro domínios específicos:
1. Percepção
2. Uso
3. Entendimento
4. Controle

Ou seja, segundo essa teoria, indivíduos com alto nível de Inteligência Emocional prestam atenção, usam, entendem e gerenciam emoções. Essas habilidades servem de funções adaptativas que potencialmente os beneficiam. Ainda de acordo com esses pesquisadores, uma pessoa emocionalmente inteligente seria aquela capaz de identificar seus próprios sentimentos e os dos outros e, também, capaz de usar esses sentimentos para facilitar pensamentos e ações.

Salovey e Mayer (1990) trouxeram importantes contribuições para o estudo da Inteligência Emocional, contudo, essa terminologia só se popularizou em meados da década de 1990, especialmente depois que o psicólogo e jornalista estadunidense Daniel Goleman (1995) lançou suas pesquisas sobre o tema. Segundo ele, a Inteligência Emocional seria a habilidade de gerir as emoções de modo que elas sejam exprimidas de forma adequada e efetiva. Em suma, essa teoria busca demonstrar que é preciso haver proporcionalidade entre as emoções e as circunstâncias. Pensando em uma perspectiva pragmática, poderíamos afirmar que a Inteligência Emocional é um conjunto de capacidades ou de habilidades que torna as pessoas capazes de administrar ou gerir suas próprias emoções e afetos para o alcance de determinados objetivos.

É de praxe afirmar que os indivíduos possuem duas mentes: a mente racional e a mente emocional. De acordo com essa perspectiva, essas duas mentes operariam em conjunto para interpretar a realidade e orientar as ações humanas como um todo. A mente racional é considerada a mais consciente. Ela seria responsável por tornar as pessoas mais atentas e reflexivas. Por outro lado, a mente emocional é tida como mais impulsiva e, às vezes, até mesmo inconsequente. Por conta disso, durante muito tempo, a sociedade valorizou a mente racional em detrimento da mente emocional, sem tomar conhecimento de que o equilíbrio entre elas é o que torna uma pessoa efetivamente saudável e produtiva.

Nos últimos anos, felizmente, houve um considerável avanço nos estudos comportamentais e organizacionais, que apontaram a importância das emoções e como elas afetam o convívio e o bem-estar no trabalho. Com relação a esse aspecto, destacam-se, entre outros, os estudos e pesquisas apresentados por Goleman (1995), que tiveram impacto especial no mundo acadêmico. Isso pode ser explicado pelo fato de que ele foi pioneiro ao associar a importância dos aspectos emocionais ao mundo empresarial. Seu principal conceito busca demonstrar de maneira clara que uma pessoa pode ser extremamente brilhante em diversos aspectos, mas, se ela não souber desenvolver a Inteligência Emocional, ela pode se tornar uma pessoa difícil de conviver. E a boa convivência é peça-chave para o sucesso de um grupo em qualquer ambiente, seja ele organizacional ou não.

Eu, particularmente, tive conhecimento da obra de Goleman (1995) e de outros teóricos e pesquisadores apenas quando iniciei meus estudos de graduação e, depois, na pós-graduação. Contudo, eu já havia aprendido, no meu fazer cotidiano, diversos conceitos e atitudes que só me seriam apresentados muitos anos depois na faculdade. Por isso, vou abrir um parêntese aqui para demonstrar como eu aprendi a desenvolver a Inteligência Emocional e como eu percebi a importância das ações emocionais a partir das minhas experiências pessoais e profissionais anteriores à graduação.

Começo relatando um momento difícil em minha vida, que eu considero um divisor de águas. Aos 19 anos perdi meu pai, Antônio Elouf Simão. Um homem simples, cheio de vida, trabalhador, honesto e um exemplo de ser humano. A tristeza se abateu sobre toda a nossa família e eu, como filha caçula, presenciei a preocupação de minha mãe, Teresinha de Jesus Carvalho Simão, e de meus irmãos: Antônio Júnior, Marco Simão, Karina Simão e Verônica, nossa irmã de criação. Lembro-me de que nesse momento as coisas ficaram um tanto difíceis para nós, mas eu ainda tinha muita vontade de vencer na vida. E busquei superar as dificuldades através de muito estudo, muito trabalho e muita dedicação.

Nesse período de dificuldades, consegui aprender a desenvolver as habilidades de automotivação e autocontrole, alguns dos principais componentes da Inteligência Emocional. A automotivação seria uma espécie de encorajamento interior que nos impulsiona para as nossas realizações. É a busca da superação de si mesmo, uma vez que ela não ocorre por incentivos exteriores, vem de "dentro". Já o autocontrole emocional seria essa capacidade de autorregular as emoções, de lidar com os sentimentos de forma apropriada e eficaz. Desse modo, fui capaz de gerir meus próprios sentimentos e minhas emoções e usar um momento complicado como um impulso motivador para alcançar meus objetivos. E segui, mesmo sem saber, os preceitos de Inteligência Emocional, já elencados por Goleman (1995). Claro que não foi um caminho fácil. Isso não ocorreu de uma hora para outra, foi um processo lento e gradual. Hoje, aos 35 anos de idade, olho para trás e vejo o quanto evoluí nesse percurso. E vejo também que posso crescer ainda mais, mesmo diante de frustrações e desilusões, uma vez que a vida não é feita somente de momentos felizes.

Rego (2009) já havia apontado que as emoções positivas podem ajudar os indivíduos a enfrentar situações adversas, a ser mais proativos e resilientes, a ficar menos propensos a sintomas do estresse e mais dispostos a desenvolver relações sociais produtivas.

Atualmente, sou instrutora, consultora e palestrante, formada em Administração com habilitação em Marketing, pós-graduada em Administração Financeira e mestranda em Gestão Empresarial. Assim, posso dizer com segurança que, para que eu conseguisse realizar os meus sonhos, tive de aprender a me automotivar, a controlar e canalizar minhas emoções e atitudes. Por isso, acredito que uma das principais chaves para abrir as portas do sucesso pessoal e profissional está na capacidade de as pessoas gerir suas próprias emoções.

Desenvolver a Inteligência Emocional, então, significa aprender a controlar as emoções mesmo em situações adversas. É "segurar a barra" mesmo quando se quer desistir. Em termos práticos, é quando você consegue seguir em frente e consegue terminar suas tarefas e obrigações ainda que esteja se sentindo triste ou aborrecido. É quando você atinge seus objetivos e não deixa que sentimentos ou afetos negativos os atrapalhem. Algumas pessoas conseguem desenvolver essas habilidades sozinhas, por meio de tentativas, erros e acertos. Já outras precisam de ajuda profissional, uma vez que a Inteligência Emocional pode ser treinada e aprimorada através de diversos métodos. Mas, como podemos desenvolver e aprimorar a Inteligência Emocional? Antes de responder a essa pergunta, vamos abordar alguns conceitos.

- **Inteligência**

O conceito de inteligência é deveras complexo e vai muito além do que demonstram os populares testes de QI (Quociente de Inteligência), facilmente encontrados na internet. Alvo de diversos estudos e pesquisas, podemos elencar uma infinidade de perspectivas que buscaram, ao seu modo, defini-la.

De acordo com o Dicionário Houaiss online da língua portuguesa, a inteligência nada mais é do que a faculdade de conhecer, compreender, raciocinar e aprender (inteligência psicológica). A inteligência também vem sendo frequentemente entendida como a capacidade de se adaptar a novas situações (inteligência biológica). Essas interpretações se assemelham muito com a tradicional perspectiva do psicólogo alemão William Stern, que a definiu como a capacidade pessoal para resolver problemas novos, fazendo uso adequado do pensamento.

O psicólogo estadunidense Howard Gardner (1995), na década de 1980, desenvolveu umas das teorias mais notórias sobre a inteligência, ao dizer que a inteligência "implica na capacidade de resolver problemas ou elaborar produtos que são importantes num determinado ambiente ou comunidade cultural" (p. 21). Seus estudos versaram sobre o que comumente chamamos de Teoria das Inteligências Múltiplas, segundo a qual, a inteligência não se constitui como um todo único, mas sim num conjunto de capacidades que se apresentam independentes uma das outas. Nesse ponto de vista, inteligência seria formada por diferentes dimensões:

Inteligência linguística	Habilidade de se comunicar e se expressar oralmente ou através da escrita.
Inteligência musical	Habilidade de se comunicar e se expressar através da música.
Inteligência lógica	Habilidade em trabalhar com a lógica/matemática, em geral.
Inteligência visual	Habilidade em observar e interpretar o posicionamento das coisas.
Inteligência corporal	Habilidade em se comunicar e se expressar através do uso do corpo.

Inteligência interpessoal	Habilidade de desenvolver relacionamentos com outras pessoas.
Inteligência intrapessoal	Habilidade expressa na capacidade de autoconhecimento.
Inteligência naturalista	Habilidade de observar e compreender o ambiente natural.

Fonte: elaborado pelo autor (2017)

Obviamente, é raro encontrar alguém que se destaque em todas essas dimensões. É mais aceitável pensar que, de modo geral, os indivíduos são mais propensos a ser deficientes em algumas delas. Apesar disso, elas podem ser desenvolvidas e aprimoradas separadamente. Uma das principais vantagens dessa teoria é que ela leva em consideração que os indivíduos são singulares e, cada um, por meio de experiências específicas, acaba desenvolvendo as dimensões que lhe são mais caras.

Essa teoria explica também o motivo pelo qual algumas pessoas sobressaem em determinada área do que em outras. Eu tenho mais aptidão para realizar tarefas relacionadas a fatores interpessoais do que musicais, por exemplo. Apresentar palestras e/ou prestar consultorias são coisas que eu posso fazer tranquilamente. Por outro lado, não tenho o menor talento para tocar violão ou bateria.

A Teoria das Inteligências Múltiplas sofreu reações e críticas diversas pela comunidade acadêmica. Contudo, abriu um importante espaço para a valorização de outras habilidades, além das lógicas e matemáticas. Se uma pessoa não domina essas dimensões, ela pode ser mais "inteligente" em outras, como saber se comunicar fluentemente e ter facilidade em aprender novos idiomas.

- **Inteligência Emocional**

Retomando a perspectiva de Goleman (1995), a Inteligência Emocional pode ser subdivida em cinco habilidades específicas: autoconhecimento emocional, autocontrole emocional, automotivação, empatia e desenvolvimento de relacionamentos interpessoais. Essas habilidades podem ser trabalhadas e aprimoradas. São descritas da seguinte maneira:

- **Autoconhecimento emocional:** capacidade de reconhecer e compreender suas próprias emoções e sentimentos.
- **Autocontrole emocional:** aptidão associada à gestão das emoções. É saber administrar as emoções para exprimi-las de forma adequada e efetiva.
- **Automotivação:** significa botar as emoções pra trabalhar a serviço de um objetivo ou meta.
- **Empatia:** é reconhecer e entender as emoções do outro e saber colocar-se no lugar dele.
- **Desenvolvimento de relacionamentos interpessoais:** é saber se relacionar e interagir com os outros de forma social e amigável.

As três primeiras são habilidades intrapessoais e, as duas últimas, interpessoais. O desenvolvimento desse conjunto de habilidades possibilita aos indivíduos controlar e canalizar as emoções para as situações adequadas. É possível afirmar que pessoas que conseguem aperfeiçoar a Inteligência Emocional têm mais chances de ser bem-sucedidas na vida. Isso ocorre porque elas conseguem dominar suas emoções e fomentam sua produtividade para o alcance de benefícios pessoais, sociais e profissionais. Por outro lado, as que têm dificuldades em controlar suas emoções acabam enfrentando dificuldades em se concentrar em suas tarefas e em cumprir suas metas, pois não conseguem pensar com objetividade e lucidez.

Por diversos motivos, saber agir emocionalmente com inteligência é um diferencial importante que pode proporcionar aos indivíduos uma forma melhor de lidar com as situações da vida cotidiana e no trabalho. O desenvolvimento das habilidades emocionais é importante para uma boa convivência em qualquer ambiente, sobretudo dentro dos ambientes organizacionais.

Além disso, a Inteligência Emocional se refere a uma habilidade fundamental para conseguir aprimorar a liderança. Desse modo, aprender a administrar as emoções se torna tão importante quanto as suas qualificações técnicas. As pessoas emocionalmente inteligentes conseguem discernir seus próprios sentimentos e até as emoções dos seus colegas de trabalho. Essa aptidão faz com que elas sejam capazes de contornar variadas situações que poderiam prejudicar a sua performance e a da empresa em que atuam.

Apesar do caráter mecânico e cada vez mais impessoal das empresas, em virtude do aparelhamento e das inovações tecnológicas, sabemos que os colaboradores, ou seja, as pessoas, ainda são as peças fundamentais para o seu bom desempenho. E a maioria das situações de trabalho se desenvolve a partir dos relacionamentos que as pessoas estabelecem interpessoalmente. É através do diálogo, da convivência e até mesmo dos atritos, que ocorrem diariamente, que se compõe o ambiente de trabalho. Manter a calma diante de uma situação de conflito pode fazer com que o resultado tanto para os líderes quanto para os liderados seja o mais proveitoso possível. E o bom relacionamento entre os funcionários é mola propulsora para o sucesso de qualquer organização. Fato já comprovado em diversas pesquisas acadêmicas, inclusive em minha dissertação de mestrado.

Foi preciso um certo tempo pra que eu pudesse tomar consciência do controle de minhas emoções. Hoje eu tenho uma compreensão mais clara da importância da Inteligência Emocional e dos seus benefícios em meu dia a dia e em minha carreira.

Ultimamente, tenho ajudado pessoas a aprimorar suas capacidades de regular suas emoções no ambiente de trabalho. O objetivo dessa ação é proporcionar um ambiente favorável que forneça um comportamento mais motivado. Mas, pra eu chegar até aqui, percorri um longo caminho. Apreciaria compartilhar com vocês mais um pouco da minha trajetória.

Quando ingressei na faculdade, fiz logo muitas amizades. Nessa época, para custear os estudos, eu vendia bombons. A minha habilidade em relacionamentos interpessoais fez com que eu conseguisse desenvolver minha atividade com extrema facilidade. Veja que uma característica pessoal acabou virando a principal vantagem competitiva do meu incipiente negócio de vendas.

Barney (1991) já havia apontado que uma organização ou empresa possui uma vantagem competitiva quando ela está implementando uma estratégia de valor criativa que não está sendo praticada por nenhuma atual ou potencial concorrente.

Como ficou evidente, minha estratégia de valor criativa estava relacionada ao lado emocional e à afetividade nas vendas. Através disso, foi possível que o meu negócio de bombons crescesse e eu pudesse, posteriormente, lançar a marca *Bom Bombom*. Assim iniciei minhas atividades enquanto empresária.

A faculdade foi um período profícuo em múltiplos aspectos. Além da experiência acadêmica e empresarial, conheci uma pessoa especial chamada Ricardo Bandeira que, ao longo dos anos, se tornou uma espécie de conselheiro, de mestre, de mentor e, principalmente, um estimado amigo.

No mundo, existem pessoas com um potencial extraordinário em diversas direções. E, na maioria das vezes, o que lhes falta é apenas uma oportunidade para mostrar seus talentos e habilidades. Uma dessas pessoas era justamente eu. Há um dito antigo que diz que sorte é quando a preparação encontra a oportunidade. E, graças ao Ricardo Bandeira e ao meu esforço pessoal, a oportunidade que eu tanto precisava não demorou muito a surgir. Ele acreditou no meu potencial e na minha vontade de vencer. Apostou em mim e me orientou ao longo de toda essa jornada. Por intermédio dele, eu conheci e me familiarizei com a marca de cosméticos *New Way*.

Nessa empresa, pude aprimorar minhas habilidades com vendas. Minhas intenções eram, entre outras coisas, superar as expectativas que o proprietário havia depositado em mim, exercitar a minha criatividade e, é claro, obter algum tipo de retorno financeiro.

Eu estava empolgada com a ideia e me esforçava ao máximo para conseguir bons resultados. Mas nem sempre as coisas funcionam conforme planejamos. Principalmente quando você está lidando com vendas. Muitos empecilhos foram surgindo, como crises financeiras, inadimplências, vendas ruins, dificuldades pra formar boas equipes de vendas, entre outras tantas. Problemas que uma pessoa inquieta enfrenta quando não quer aceitar o óbvio como meta. Mais uma vez, tive de me manter firme e saber contornar os pensamentos negativos para não desanimar.

Com o tempo, percebemos que as pessoas tendem a reagir de forma diferente diante da mesma circunstância. Isso ocorre porque nossa maneira de pensar, muitas vezes, determina o nosso ânimo e a nossa forma de interpretação do contexto. Por conta disso, é fácil presumir que pessoas positivas tendem a lidar melhor com as situações adversas do que as pessoas negativas.

Para exemplificar melhor essa premissa, gostaria de tornar mais evidente que as pessoas, de modo geral, são propensas a interpretar as circunstâncias adversas de duas formas:

I) Interpretação positiva: "Isso é um desafio!" ☺

II) Interpretação negativa: "Isso é um problema!" ☹

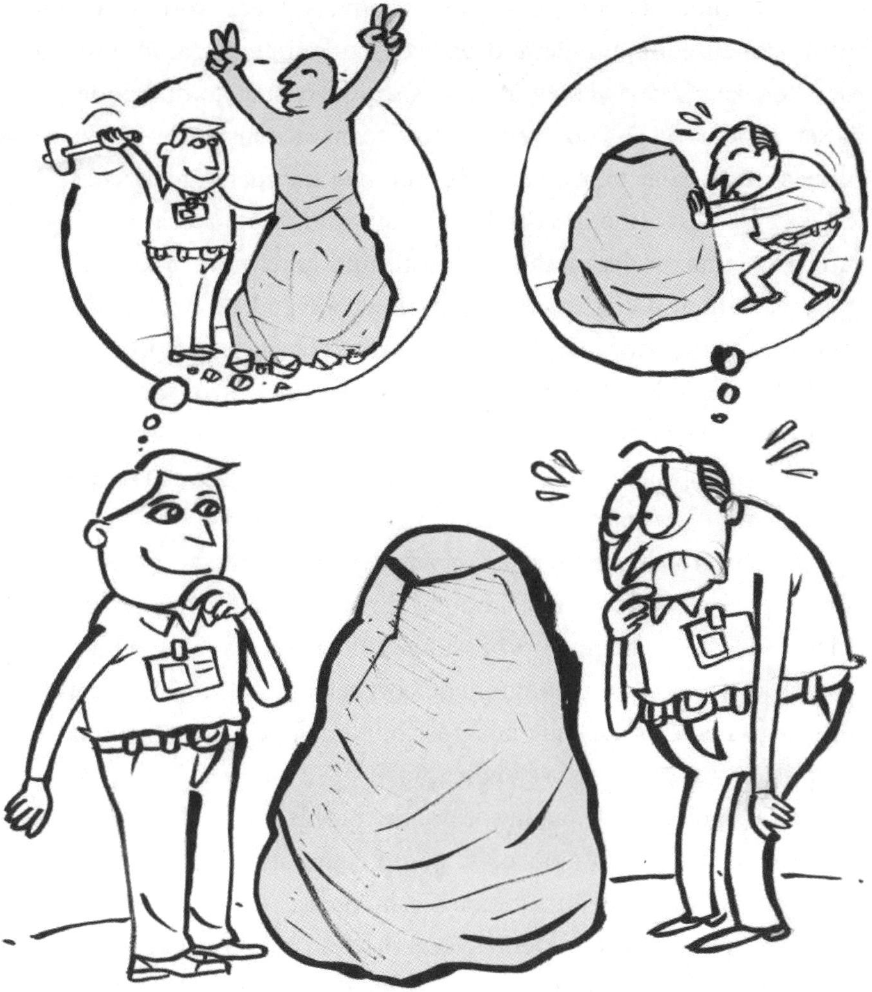

Assim, se você entende as adversidades cotidianas ou profissionais como um desafio, você tem uma interpretação positiva da situação. Você as entende enquanto um obstáculo que pode vir a ser superado. Se você vencê-lo, se tornará mais forte. Ou você nunca ouviu falar na expressão "o que não me mata me fortalece"? Se você tem esse tipo de atitude, essa situação, que poderia se tornar um problema, acaba virando um estímulo, uma motivação a mais para continuar. Ou seja, você está desenvolvendo a habilidade de **automotivação**, que significa basicamente colocar as emoções para trabalhar a serviço de um objetivo ou meta. Por outro lado, se você tem uma interpretação negativa, você sempre verá as adversidades apenas como problemas. E logo surgirá outro problema e mais outro. Você sempre se sentirá desmotivado para continuar.

Reitero aqui a relevância do desenvolvimento da Inteligência Emocional e ratifico que é importante saber reagir positivamente diante dos contratempos profissionais ou pessoais. Nós podemos treinar e aprimorar um conjunto de competências de resiliência e de estratégias emocionais que nos possibilitem superar as dificuldades diárias, basta termos foco e dedicação.

Quando surge algum tipo de problema, lógico que nos deixamos abater um pouco. É completamente normal que isso aconteça. Somos seres humanos, e não máquinas. O que não podemos deixar é que esses sentimentos negativos se tornem permanentes, que tomem o controle de nossas decisões e atitudes. Devemos nos reerguer e buscar novas formas para seguir em frente e superar os empecilhos. Foi o que eu fiz. Mesmo com todas as dificuldades, eu não desisti!

Dei prosseguimento aos meus estudos e me especializei em Gestão Financeira. Comecei a cursar Direito. Mas é claro que nenhum vento sopra a favor de quem não sabe aonde ir. E o vento só mudou ao meu favor quando finalmente eu percebi que gostava mesmo era de trabalhar com gente. A minha direção, o meu norte, era estar em contato com o público, era vender, era me comunicar e interagir com as pessoas. Essa sempre foi a minha principal característica. Essa sempre foi a minha principal vantagem competitiva.

Então, me propus a desenvolver meu potencial naquilo em que eu já trabalhava timidamente há alguns anos: estética. Em especial, limpeza de pele e maquiagem. No momento em que eu me dei conta de que minha felicidade estava atrelada a isso, eu vi minhas vendas na *New Way* dispararem. Quando percebi que ganhava mais como revendedora do que como funcionária, saí da empresa em que trabalhava. Não tenho medo de mudar, nem deveria. Nós não devemos perder uma oportunidade, mesmo que ela lhe pareça pequena. Muitas pessoas ficam esperando algo melhor acontecer, como um milagre, e terminam sem nada.

- **Ações Emocionais**

Em meados de 2008, resolvi fazer um curso de formação para instrutores no Serviço Brasileiro de Apoio às Micro e Pequenas Empresas – Sebrae, e outra vez me surpreendi durante essa experiência. Eu adorei estar novamente em contato com o público, me comunicando, contribuindo, estudando e interagindo com ele. O resultado não podia ser outro: fiz um excelente curso e por lá fiquei!

Tive como instrutora a professora Vaulete Sá, que de pronto percebeu em mim um potencial para lidar com o público. Diversos estudos apontam que ser **participativo** é uma das características essenciais para a manutenção das relações interpessoais. Pessoas que conseguem desenvolver as habilidades interpessoais conseguem conviver bem em qualquer situação, pois nós somos seres sociais e estamos em constante interação com os demais indivíduos.

Quanto a mim, posso dizer que sempre busquei desenvolver essas habilidades em todos os contextos. E foi por conta delas que a professora Vaulete Sá me apresentou para Aldeídes Pontes, coordenadora do projeto Sebrae Itinerante. E novamente eu estava pronta para a oportunidade quando ela surgiu. Nesse projeto, nós viajávamos por diversas cidades ministrando oficinas.

Durante o período em que trabalhei nessas oficinas, percebi que poderia enriquecê-las apresentando minhas experiências profissionais anteriores. Desse modo, busquei construir uma oficina que abordasse sobre estética e beleza. Surgiu, então, a oficina de limpeza de pele e o resultado foi um sucesso espetacular! Surpreendente. Passei a prestar serviços para as empresas utilizando "o dia da beleza" como ferramenta de motivação para os funcionários de micro, pequenas, médias e grandes empresas do Piauí. Com três anos de trabalho realizei conquistas surpreendentes, fiz boas amizades, bons contatos, me inseri no meio empresarial, adquiri mais experiência, trabalhei diariamente, viajei muito e aprendi bastante.

Porém, uma inquietação começou a pulsar dentro de mim novamente. Lembrei-me de quando eu era criança e sonhava ser uma atriz famosa. Mas, ao desenvolver o trabalho de vendas paralelo ao trabalho de palestrante do Sebrae, fui percebendo que, de certa forma, estava realizando meu sonho. Ou melhor, consegui ir além dele. Isso porque, se eu me tornasse uma atriz famosa, a estrela seria apenas eu. Como palestrante, eu posso despertar os sonhos das pessoas e motivá-las a realizá-los. Eu posso tentar ser uma inspiração em suas vidas. Por tudo isso, hoje eu almejo ser lembrada como um ser que disseminou o amor, contribuindo para que pessoas se desenvolvessem e evoluíssem para construir um futuro melhor para sua família e para o mundo, em geral.

Durante esse percurso em que busquei realizar meus objetivos, pude perceber que muitas vezes o que faz as pessoas felizes no trabalho não é tanto o valor do salário que elas recebem, mas a forma como elas são tratadas dentro da empresa em que trabalham.

Um dia de beleza em uma oficina pode propiciar a felicidade e a motivação que um determinado colaborador tanto precisa para seguir em frente. Essas são apenas algumas das ferramentas que podem ser utilizadas para estimular a solidariedade e o engajamento.

Lembro-me de um caso que eu sempre gosto de contar, porque me emociona muito. Numa das empresas em que eu presto consultoria, uma senhora que trabalha servindo café, e que nós temos o costume de chamar afetivamente de "a tia do cafezinho", deu um depoimento afirmando que ela, muitas vezes, se sentia mais feliz em seu trabalho do que dentro da própria casa. Isso ocorria porque, lá na empresa, ela era sempre apresentada a uma nova turma que chegava para fazer um treinamento. Nos treinamentos, sempre era explicada a importância da função que ela desempenhava dentro da organização. E a equipe sempre lhe agradecia por seu trabalho bem-feito. Ela recebia carinho e abraços de pessoas que frequentavam e atuavam na empresa. Por conta disso, em um depoimento pessoal, ela declarou que, nesses momentos de demonstração de afetos e de respeito, ela se sentia a pessoa mais feliz do mundo! Isso a motivava muito.

Obviamente, quando uma pessoa se sente valorizada por seu trabalho, ela acaba se empenhando cada vez mais, porque ela se sente parte da empresa. Ela se sente importante. Provavelmente, essa funcionária não recebia o maior salário financeiro da instituição, mas com certeza seu "salário emocional" era suficiente para que ela desempenhasse suas atividades com dedicação e comprometimento.

Isso é o que eu busco demonstrar. Que o lado afetivo, que as emoções, que as relações de afetos não devem ser menosprezadas no mundo empresarial. O caso dessa senhora não é o único. Durante esses anos que eu prestei serviços a diversas empresas, e até mesmo em minhas oficinas, eu acumulei uma bagagem de depoimentos e de observações que me fizeram tomar consciência de como o lado emocional tem impacto significativo dentro das organizações. A forma como as pessoas lidam com suas emoções podem facilitar ou dificultar o desenvolvimento de um clima propício ao bem-estar no trabalho.

De modo geral, o local de trabalho tem grande importância no estado emocional e no bem-estar da vida do ser humano. Isso ocorre porque, em nossa sociedade, as pessoas passam a maior parte do seu tempo no ambiente de trabalho e no convívio com seus colegas, visto que as atividades realizadas, na maioria das vezes, não são realizadas isoladamente. Nessa convivência, podem ser elencados fatores positivos e negativos que influenciam diretamente a forma como as pessoas vivem e trabalham.

Por isso, um bom relacionamento entre os colaboradores é indispensável para a realização de qualquer tipo de tarefa. Pessoas que não conseguem controlar suas emoções e as expressam de forma exagerada e sem direcionamento podem comprometer todo o trabalho da equipe. Esse é um dos motivos que fazem com que as empresas busquem ter como funcionários pessoas equilibradas e que, além de possuir competências técnicas e experiência profissional, apresentem um elevado nível de **Inteligência Emocional**.

Depois de todas essas observações, não demorou muito para que eu pudesse ter a compreensão de que eu precisava, antes de tudo, ter sido uma gestora empresarial. Eu precisava entender melhor cada um dos empresários que atendia e ter *know-how* para falar com propriedade. O que eu venho buscando é me tornar um ser humano, na íntegra da palavra. Uma pessoa que vive em paz espiritual, profissional e pessoal, proporcionando exemplo comportamental. Em outras palavras, um ser em constante busca de crescimento profissional e pessoal.

Por tudo isso, ingressei no Mestrado em Gestão Empresarial. Eu queria transformar essas observações em uma pesquisa acadêmica, comprovar minhas observações através de um estudo. Então, busquei estudar a felicidade no trabalho e o seu impacto na produtividade dos colaboradores e das organizações. Apliquei questionários, analisei dados e agora posso falar apropriadamente sobre os resultados das ações emocionais no ambiente de trabalho. Ações simples, mas que podem trazer implicações importantes para os colaboradores e para as empresas de modo geral.

Entre elas, podemos citar a estruturação de um ambiente de trabalho agradável, a disponibilidade dos líderes para ensinar os colaboradores, o reconhecimento e a valorização, e a disponibilidade de treinamentos para capacitar os colaboradores enquanto profissionais. Existem ainda atitudes mais simples, como um elogio ou um aperto de mão.

Todos esses itens apontados oportunizam um melhor entrosamento entre funcionários de uma empresa e refletem diretamente na satisfação pessoal deles. A maioria dos empresários, para não dizer todos, deseja, no mínimo, ser bem-sucedida e conquistar a felicidade plena na vida pessoal e profissional. Contudo, não é fácil o alcance desse objetivo. Principalmente, se não houver o aprendizado e a orientação necessária para isso. E, acima de qualquer coisa, o desenvolvimento da Inteligência Emocional.

Em minha trajetória por mais de oito anos no ramo de cosméticos, conclui que é possível definir metas e alcançá-las com foco, planejamento, ações e resultados, se e somente se, trabalharmos *com* pessoas e *como* pessoas. É preciso dar-lhes a valorização exata. Para tanto, devemos aprender a utilizar as características ímpares de cada ser humano, pois todos nós temos um perfil diferenciado de trabalho e, acima de profissionais, somos seres humanos dotados de sentimentos: alegria, tristeza, medo, raiva. Se entendermos esses sentimentos e soubermos gerenciá-los, teremos mais chances para alcançar o tão almejado sucesso.

Para concluir esse raciocínio, gostaria de definir as ações emocionais como todo esse conjunto de fatores de cunho afetivo que os líderes ou gestores podem propiciar aos seus colaboradores ou liderados, visando melhorar a qualidade de vida e de trabalho deles. Com base nisso, abordar sobre os tipos de líderes e o papel que cada um desempenha no gerenciamento das ações emocionais dentro das empresas e organizações. Tema que será discutido de maneira mais aprofundada no próximo capítulo.

"VOCÊ TEM TODO DIREITO DO MUNDO DE SENTIR RAIVA, MAS NÃO TEM O DIREITO DE SER CRUEL COM NINGUÉM".

William Shakespeare

CAPÍTULO 2

O papel da liderança e os tipos de líderes

O crescimento da economia mundial e o processo de globalização trouxeram significativas mudanças em termos de competitividade para os mercados no mundo todo. Como consequência desses fatores, há uma preocupação das empresas em adaptar seus produtos e serviços aos desejos e motivações de consumidores cada vez mais exigentes. Nesse contexto de transformações, é perceptível também o ressurgimento de uma antiga discussão sobre o papel da liderança no ambiente de trabalho, onde se requer cada vez mais dos líderes. Por isso, neste capítulo, tratarei sobre o papel que o líder desempenha na atualidade e as tipologias de líderes mais proeminentes. O objetivo é também enfocar o papel que a liderança exerce no processo de coordenação das ações de cunho emocional nas organizações.

Antigamente, tinha-se uma imagem autoritária do líder, aquele que impunha ordens e delegava tarefas, expressa na famosa máxima: "Manda quem pode, obedece quem tem juízo". A posição de liderança era comumente exercida através da hierarquia e se baseava nas relações de poder. Hodiernamente, a imagem do líder se familiariza mais com a de um motivador que busca incentivar as pessoas para o alcance de objetivos. Essa motivação pode ocorrer tanto através de vantagens financeiras, como de vantagens de cunho emocional.

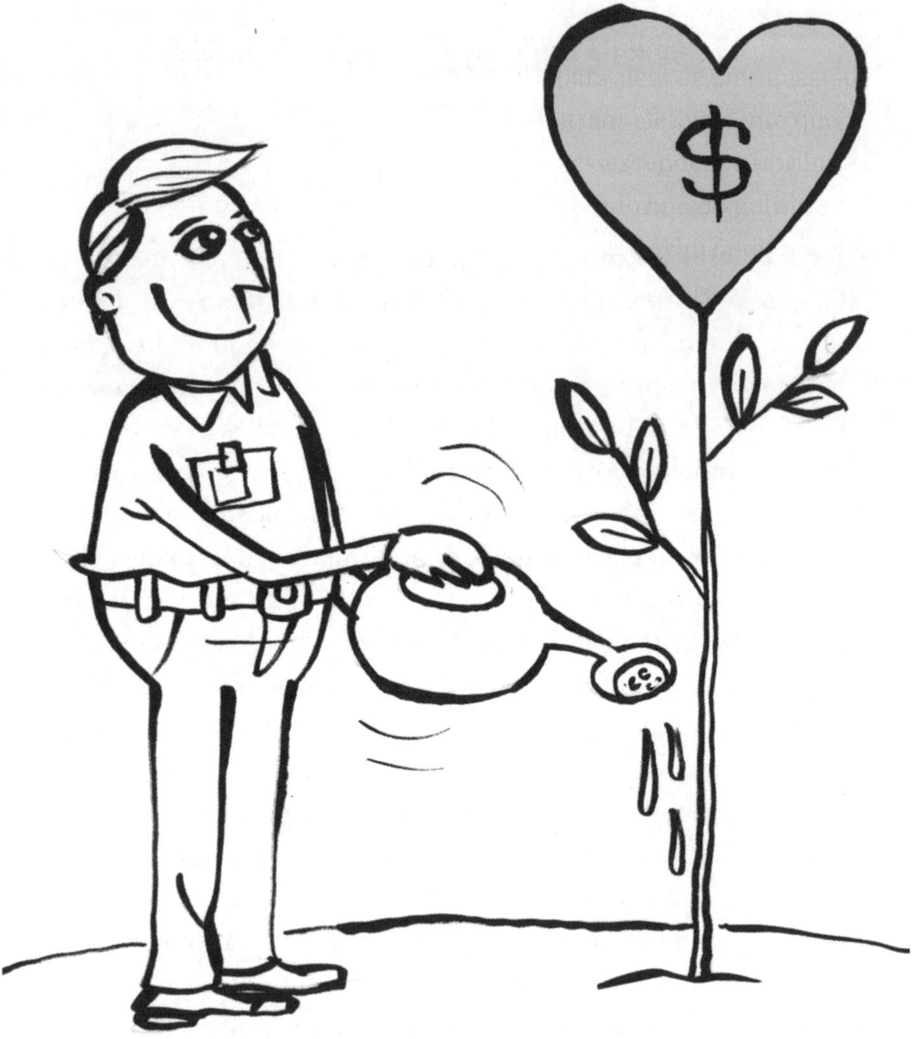

Ao longo dos anos, estudos organizacionais, especialmente aqueles balizados pela Teoria das Relações Humanas, passaram a reconhecer a influência do grupo e do ambiente de trabalho democrático nos resultados das organizações. Nessa perspectiva, o líder passou a ser entendido como aquele que atrai seguidores, influenciando de forma positiva mentalidades e comportamentos. Desse modo, o papel que o líder exerce hoje incide fundamentalmente sobre a motivação das pessoas para a ação, utilizando para isso diferentes ferramentas. Por isso, empresas e organizações buscam cada vez mais identificar potenciais líderes, investindo também em seu treinamento. Cabe ressaltar que, apesar dessas transformações, a liderança continua sendo uma habilidade complexa de se desempenhar.

- **Liderança**

De modo geral, podemos afirmar que a maioria das pessoas, em algum momento de sua vida, teve a oportunidade de exercer a posição de liderança. Seja no trabalho, seja no cotidiano do lar. Isso ocorre porque a liderança é um fenômeno tipicamente social, que ocorre quando estamos em grupo.

De acordo com Chiavenato (2000, p. 107), a liderança pode ser definida como a "influência interpessoal exercida numa situação e dirigida por meios do processo da comunicação humana para a consecução de um determinado objetivo". Nessa perspectiva, a liderança seria uma espécie de interferência entre pessoas, na qual uma pessoa age no sentido de provocar o comportamento de outra. Essa influência pode ser estabelecida em diferentes graus:
- Coação (forçar)
- Persuasão (argumentar)
- Sugestão (propor saídas)
- Emulação (servir de exemplo)

Qualquer que seja o grau estabelecido, é importante lembrar que essa influência não ocorre apenas de cima para baixo. Pelo contrário, é presumível aceitar que o líder e seus liderados mantêm uma relação de influência recíproca. Por isso, a liderança só é legítima quando ela é aceita e atende as necessidades dos liderados. Caso contrário, ela estará em risco. Em outras palavras, podemos constatar que a liderança é uma relação que se estabelece mutuamente entre pessoas, uma vez que a liderança só existe quando há liderados que seguem o líder, ou aceitam sua influência por algum motivo. Normalmente é a confiança que o líder transmite.

Por sua vez, Maximiano (2007, p. 277) aponta que a liderança é o uso da influência não coercitiva para dirigir as atividades dos membros de um grupo e levá-los à realização de seus próprios objetivos. De acordo com essa premissa, a liderança seria "o processo de conduzir as ações ou influenciar o comportamento e a mentalidade de outras pessoas". Seria a capacidade de levar alguém a cooperar espontaneamente.

Em suma, podemos considerar que liderar é muito mais do que apenas saber comandar. O líder deve ter conhecimento motivacional e deve saber conduzir as pessoas. Não se trata apenas de atingir os objetivos através das pessoas, mas *com* pessoas. Uma das lições do *best-seller* "O monge e o executivo", de James Hunter (2004), é que o ponto chave para uma liderança de sucesso é saber executar as tarefas enquanto se constroem os relacionamentos saudáveis. Por isso, liderança tem a ver com saber lidar com pessoas, conviver em grupo e gerenciar as emoções coletivas em torno de objetivos comuns.

- **O líder**

Definir líder não é tarefa fácil, uma vez que podemos encontrar diferentes perspectivas e enfoques na literatura sobre o tema. Alguns autores buscaram associar a liderança com características pessoais, como determinação e carisma, outros buscaram distinguir os tipos de liderança e há ainda aqueles que apostaram na liderança situacional. Apesar dessa divergência no enfoque, no campo conceitual ainda podemos encontrar algum consenso. Em tese, um líder é comumente rotulado como aquele que consegue influenciar positivamente pessoas ou equipes em direção ao alcance de objetivos e metas comuns. Assim, o líder seria uma espécie de incentivador. O que faz com que o líder guie e motive seus liderados são suas palavras e suas ações, e não o uso da força ou do medo.

Um líder pode surgir de forma natural ou imposta. Com relação a esse aspecto, algumas pessoas se destacam espontaneamente em determinados grupos, por sua habilidade de conduzir e motivar, e acabam assumindo essa posição naturalmente, de maneira informal. Essa habilidade pode ser tanto inata no indivíduo quanto pode ser percebida através de oportunidades que ele pode aproveitar para exercer a supervisão de pessoas. Por outro lado, existem também os líderes que são eleitos para assumir a função de maneira formal e passam a assumir um cargo de autoridade.

De acordo com Hunter (2004), um líder é alguém que identifica e satisfaz as necessidades legítimas de seus liderados e remove todas as barreiras para servir ao cliente. Contudo, nem sempre a liderança tem a ver com ambientes empresariais. Mesmo no ambiente doméstico é possível encontrar pessoas que exercem a função de liderança e atuam para que os objetivos familiares sejam alcançados.

Cabe lembrar que a liderança é a habilidade de conduzir pessoas, por isso, ela é diferente de gerenciamento. Gerenciar é uma habilidade importante, mas não faz da pessoa um líder. Gerenciar é planejar, resolver problemas, organizar, executar atividades, mas não se gerenciam seres humanos. Para Hunter, pessoas não são gerenciadas e sim lideradas. Com relação a esse aspecto, ainda é preciso ressaltar que a liderança não se relaciona com posições hierárquicas, cabendo aqui uma distinção, mesmo que sucinta, entre líder e chefe:

- **Chefe:** é alguém que exerce o poder de comando em virtude de uma posição hierárquica ou cargo ocupado. De modo geral, o chefe tem tendência a distribuir ordens visando resultados que favoreçam a empresa ou a organização por ele chefiada.

- **Líder:** é alguém que assume o papel de guiar e motivar pessoas ou equipes. Mesmo sem dispor da autoridade hierárquica ou ocupar um cargo de chefia, os liderados aceitam sua influência por algum motivo. Em geral, o motivo é a confiança que um líder passa através de suas palavras e de suas ações.

Apesar dessas diferenças, muitas vezes, o papel de líder e chefe se confundem, uma vez que o líder também pode atribuir tarefas e cobrar resultados. É totalmente possível que uma pessoa possa ser o chefe de um grupo e não ser seu líder. Do mesmo modo, uma pessoa pode ser o líder de um determinado grupo sem ser o chefe. Então, como se distinguiria um líder?

Conforme Bergamini, um líder pode ser caracterizado pelas seguintes habilidades:

"[...] forte busca de responsabilidade e perfeição na tarefa, vigor e persistência na perseguição dos objetivos, arrojo e originalidade na resolução de problemas, impulso para o exercício da iniciativa nas situações sociais, autoconfiança e senso de identidade pessoal, desejo de aceitar as consequências da decisão e ação, prontidão para absorver o stress interpessoal, boa vontade em tolerar frustrações e atrasos, habilidade para influenciar o comportamento de outras pessoas e capacidade de estruturar os sistemas de interação social no sentido dos objetivos em jogo". (BERGAMINI, 1994, p. 31).

Como podemos perceber, uma das principais habilidades de um líder é a sua capacidade de influenciar positivamente o comportamento de outras pessoas. Essa influência deve ser exercida com senso de responsabilidade, persistência, criatividade, iniciativa, carisma, confiança, controle emocional, boa vontade e empatia. Ele deve inspirar, orientar, delegar tarefas, estipular prazos e, sobretudo, motivar seus liderados a darem o seu melhor em qualquer atividade a ser realizada. Essas características são decisivas para que um líder possa ter condições de liderar com sucesso.

Segundo alguns estudos, as atribuições de um líder estão interligadas com os seguintes fatores:

- Motivação
- Comunicação
- Relações interpessoais
- Trabalho em equipe

Algumas pessoas conseguem expressar essas habilidades de forma espontânea, outras pessoas precisam de prática e de aperfeiçoamento. Estudos recentes sobre o tema apontam para a compreensão de que a liderança é um comportamento que pode ser exercitado. Isso pode ocorrer de muitas formas. Entre elas, através da aprendizagem e da experiência. Portanto, a liderança pode ser entendida como uma capacidade que pode ser aprendida por aqueles que a desejam e se dedicam.

Robert Katz, em 1955, estipulou três habilidades gerenciais importantes que, combinadas, seriam primordiais para o desempenho administrativo de sucesso. Até hoje essas habilidades são bastante citadas nos estudos organizacionais e são assinaladas como necessárias para a gestão das organizações contemporâneas que visam alcançar vantagens competitivas no mercado. São elas: as habilidades técnicas, humanas e conceituais.

- **Habilidades técnicas.** São aquelas que se relacionam ao domínio do conhecimento específico para executar seu trabalho operacional, com o auxílio de métodos e ferramentas.

- **Habilidades humanas.** São aquelas que se relacionam ao desenvolvimento de relacionamentos interpessoais. É a capacidade de trabalhar com pessoas e construir uma boa convivência.

- **Habilidades conceituais.** De acordo com Chiavenato, essas habilidades consistem na capacidade de compreender a complexidade da organização como um todo e o ajustamento do comportamento de suas partes.

Essas habilidades são imprescindíveis para uma boa gestão. Elas podem ser dosadas conforme a posição que o gestor ou líder ocupa na organização. Além do que já foi citado até aqui, é extremamente recomendável que o líder de uma organização desenvolva algumas competências duráveis, como conhecimento, perspectiva e atitude.

Atualmente existem diversos cursos e programas que atuam na potencialização das habilidades gerenciais e de liderança, tendo em vista que uma liderança despreparada cria conflitos desnecessários e, sobretudo, desmotiva a equipe. Por isso, o ideal é que o líder apresente atributos de líder:

- Que lidere pelo exemplo
- Que lidere pelo respeito e pelo amor ao próximo
- Que tenha planejamento
- Que tenha cronograma de atividades
- Que respeite os limites de seus liderados
- Que conheça seus liderados

Outra habilidade imprescindível para o líder é a comunicação. A comunicação dentro de uma organização deve ser ágil e correta, onde a informação seja transmitida de forma que o colaborador consiga executar suas atividades. No meu trabalho, por exemplo, busco agir sobretudo no que se refere à melhoria do relacionamento dos líderes e colaboradores e ao melhor uso das habilidades de liderança. Entre outras coisas, busco mostrar como a orientação, o uso adequado da autoridade e a melhoria na comunicação podem ser de impacto positivo para as empresas, num ciclo de aprendizagens que envolve experiências, reflexões e ações. É importante que o líder saiba ouvir e dar *feedback*.

Atitudes que nada mais são do que o retorno sobre o que foi produzido, de modo que o sistema possa se corrigir ou modificar. Trata-se de um exercício que visa aprimorar o desempenho de pessoas, profissionais, grupos e organizações, aumentando o alcance de resultados positivos por meio de conhecimentos de diversas ciências, metodologias, técnicas e ferramentas. Levando sempre em consideração que um líder pode conduzir e incentivar seus liderados de diferentes formas.

- **Tipos de líderes**

Existem diversos tipos de líderes e cada um deles impacta diretamente nas relações que se estabelecem entre os indivíduos e os grupos. A classificações de liderança variam de teoria para teoria e de autor para autor. Podemos citar, por exemplo, a "teoria de traços da personalidade", que busca estudar as características que marcam a personalidade de um líder; a "teoria sobre estilo de liderança", que visa entender os estilos de comportamento adotados por um líder; e a "teoria situacional de liderança", que tem como objetivo compreender como o comportamento de um líder pode se adequar às circunstâncias situacionais.

Segundo Maximiano (2000, p. 343), "estilo de liderança é a forma como o líder se relaciona com os integrantes da equipe, seja em interações grupais ou pessoa a pessoa". Sobre os tipos de líder, as categorizações mais proeminentes são as que distinguem três tipos clássicos de liderança: a Autoritária (ou Autocrática), a Democrática, e a Liberal (Laissez-faire). Vamos agora analisar separadamente as características principais de cada tipo, identificando as vantagens e as desvantagens de cada uma.

- **Líder autoritário ou autocrático**

Por definição, o termo autoritário remete a alguém que usa com rigor de toda a sua autoridade. Desse modo, o líder do tipo autoritário ou autocrático é comumente entendido como despótico e pouco flexível. Ele toma decisões e delega tarefas sem realizar consultas, não dando aos liderados a oportunidade de manifestarem sua opinião sobre as diretrizes adotadas. Esse tipo de líder foca sua atenção para as tarefas que devem ser realizadas e não para as relações afetivas que se estabelecem no grupo. É um tipo de liderança que possui pontos positivos e pontos negativos. Eu já fui uma líder assim.

Quando trabalhei com a *New Way Cosméticos*, durante o período de aproximadamente oito anos, fui responsável por liderar uma equipe de mais ou menos vinte e duas colaboradoras. Entre entradas e saídas, algumas ficaram pouco tempo comigo, outras permaneceram durante anos. Nesse período, eu era uma líder do tipo autocrática. Queria sempre as coisas do meu jeito e terminava não ouvindo nenhuma das minhas colaboradoras. Agia e tomava decisões de forma impositiva e tratava minhas funcionárias de maneira impessoal. Em outras palavras, não as tratava como colaboradoras e sim como máquinas, que estavam ali para cumprir todas as regras conferidas e realizar todas as tarefas atribuídas. Nessa época, eu ainda não valorizava o lado emocional e as relações afetivas no ambiente de trabalho. E também não levava em consideração fatores que poderiam influenciar o desempenho delas, como problemas pessoais e financeiros, problemas de saúde, entre outros.

Uma das consequências dessa minha maneira de agir e de liderar foi que eu acabei perdendo ótimas colaboradoras no decorrer desse processo. Algumas com um potencial extraordinário para vendas. Justificava meu comportamento afirmando que eu sempre fui uma profissional extremamente competitiva. Comumente, eu valorizo resultados e adoro bater metas. Quanto mais desafiadora é uma meta, mais ela me impulsiona e me faz querer ganhar.

Para bater as metas que eu traçava enquanto líder, acabava cometendo muitos erros. Não considerava minha equipe e não verificava se as metas propostas eram realmente atingíveis. O resultado foi, como esperado, desastroso. Causei desgosto a muitas pessoas e até me desmotivei também. Além disso, acabei criando um ambiente de trabalho altamente amedrontador, o que gerou tensão para as colaboradoras e para mim. Minhas funcionárias não se sentiam inspiradas pela líder e elas faziam exatamente o que se esperava que elas fizessem, mas não conseguiam ir além.

Na verdade, o que eu não sabia naquela época é que o líder e seus liderados devem manter uma relação de influência recíproca. E minha liderança acabou se tornando unilateral. Uma das principais desvantagens desse tipo de liderança é que ela é centrada no papel do líder em si, que é a autoridade máxima sem contestação. Esse tipo de liderança pouco valoriza ou dá espaço para a criatividade dos liderados. A vantagem é que as pessoas ou equipes que estão submetidas a líderes autoritários, de modo geral, tendem a desempenhar suas tarefas. Isso ocorre porque o líder cobra mais dos seus subordinados e impõe um ritmo de trabalho com mais vigor. Além disso, ele exerce constante vigilância e fiscalização, fazendo com que os liderados vivam em permanente tensão.

Os líderes autoritários que pressionam a equipe podem acabar adoecendo seus colaboradores. Esse adoecimento pode ser emocional ou físico. Alguns não percebem que isso pode ser consequência do trabalho ou das condições de trabalho. E acabam sendo infelizes sem saber o motivo.

Esse tipo de liderança aparece comumente em momentos de crise extrema, quando é preciso tomadas de decisões rápidas e controle de funcionários e tarefas. Os líderes autoritários ou autocráticos conseguem mobilizar a equipe numa direção comum e se concentram em objetivos finais.

- **O líder democrático**

O líder democrático é aquele que toma decisões em conjunto com os colaboradores. Nesse modelo de liderança, a opinião de todos é valorizada e as diretrizes são debatidas e decididas pelo grupo. É um tipo de liderança participativa, em que o líder tem o papel de orientação e apoio. Esse líder, além das atividades a serem realizadas, valoriza as relações interpessoais. Ademais, favorece a criatividade e a iniciativa dos liderados, uma vez que todos são instigados a colaborar com as decisões da equipe. Contudo, é importante ressaltar que o líder deve ser responsável pela palavra final sobre assuntos importantes ou impasses.

Uma das vantagens desse tipo de líder é que ele impõe um ritmo de trabalho mais suave, proporcionando um ambiente de trabalho mais amistoso e tranquilo. Por conta disso, os liderados acabam demonstrando qualidade e volume de trabalho, pois se sentem confortáveis para a realização de suas tarefas e compartilham responsabilidades. Há ainda um envolvimento entre os membros da equipe, onde são enfatizadas as relações humanas. O líder democrático procura fazer parte da equipe, não se encarregando muito de tarefas.

Por outro lado, esse tipo de liderança apresenta como desvantagem a demora no processo de decisão. Além disso, não é muito indicado para equipes ou grupos iniciantes, uma vez que pessoas inexperientes precisam de orientações mais direcionadas.

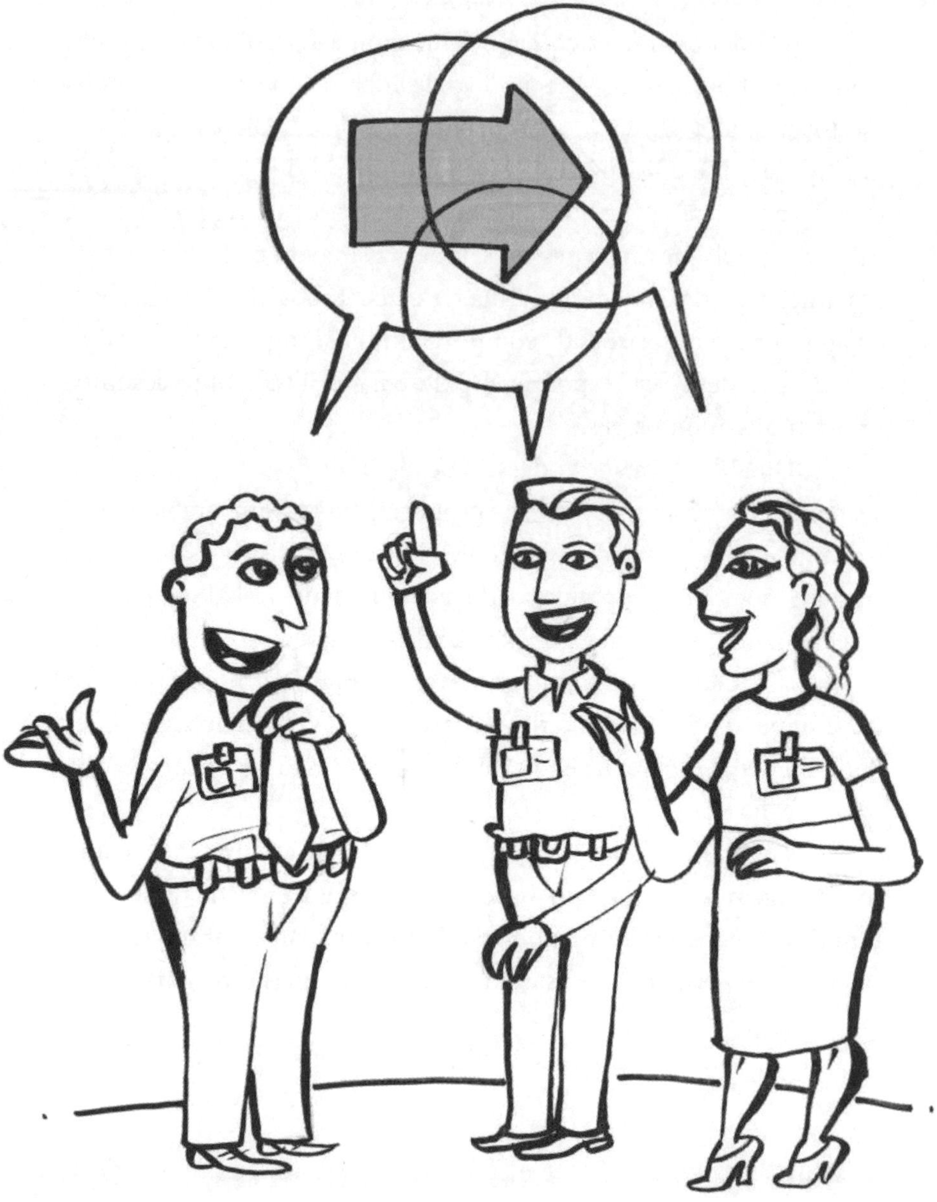

- **O líder liberal** *(laissez-faire)*

O líder do tipo liberal é aquele que pouco participa do processo de tomadas de decisão e dá bastante autonomia aos seus liderados. Esse tipo de liderança também é conhecido como *laissez-faire*, uma expressão de origem francesa que significa "deixar fazer".

A liderança liberal prega a não interferência do líder no que diz respeito ao delineamento de ordens e de diretrizes. Desse modo, o seu envolvimento é mínimo, e ele apresenta apenas alternativas quando consultado. As medidas tomadas podem ser individualmente ou em grupo, os liderados possuem total liberdade de atuação e estabelecem programas ou processos a serem desempenhados. Diferentemente da liderança autoritária, em que o líder é o centro da relação, na liderança liberal o grupo é o foco de tudo.

Uma das vantagens desse tipo de líder é que ele proporciona que seus liderados realizem suas atividades sem uma supervisão constante. Por outro lado, o líder liberal que deixa tudo na mão da equipe precisa ter cuidado para que os colaboradores não fiquem sem supervisão e não executem o trabalho ou cometam erros na hora de concretizar as tarefas.

A ausência de um líder com um posicionamento mais firme pode acarretar ainda em outros problemas. O líder muito liberal passa a sensação de que não há um direcionamento, o que pode gerar desordem, falta de motivação e desrespeito. Por conta disso, esse tipo de liderança não é considerado muito produtivo.

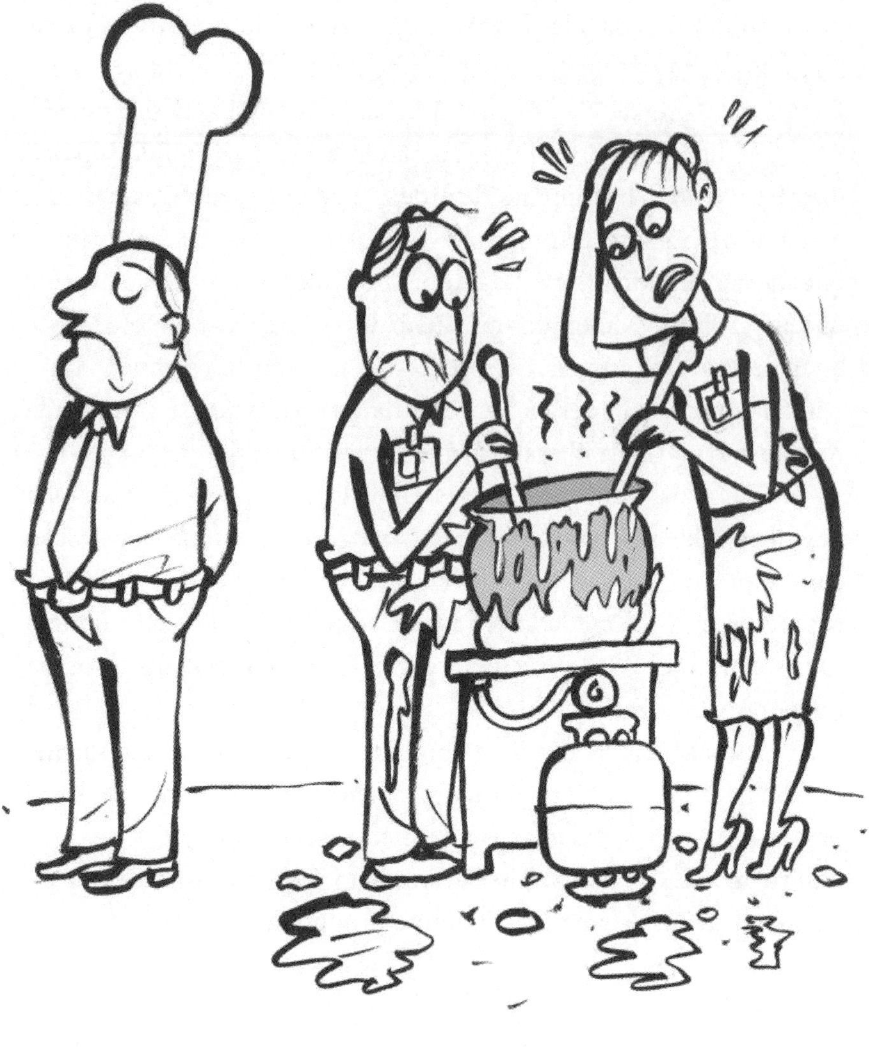

Vantagens e desvantagens

Em resumo, poderíamos apresentar os tipos de líder, suas vantagens e desvantagens conforme o quadro abaixo:

Tipo de líder	Vantagens	Desvantagens
Líder Autoritário ou Autocrático	As decisões são tomadas rapidamente. Mobiliza a equipe numa direção comum.	Concentra o poder de decisão. Despótico e pouco flexível.
Líder Democrático	As decisões são tomadas coletivamente. Incentiva a criatividade e a iniciativa dos liderados.	Demora no processo de decisão. Não é muito indicado para grupos inexperientes.
Líder Liberal	Dá autonomia para os liderados. Proporciona maior liberdade de atuação.	Pouca participação nas decisões. Baixa produtividade.

Fonte: elaborado pelo autor (2017)

Existe um perfil de líder ideal? Depende muito da equipe de trabalho, da situação e da atividade a ser executada. Nem sempre um estilo de liderança adotado será eficaz para todas as circunstâncias. Segundo Krause (1981, p. 74), "em determinadas situações, a liderança autocrática é a mais adequada; sob certas situações, a liderança democrática é a melhor; sob determinadas condições, a liderança liberal é a melhor". Ou seja, existem líderes que se adequam mais a determinadas tarefas, grupos e situações, do que outros. Por exemplo, em corporações como a polícia ou o exército, os líderes autocráticos são mais valorizados. Porém, em corporações menos formais, o líder democrático é mais indicado.

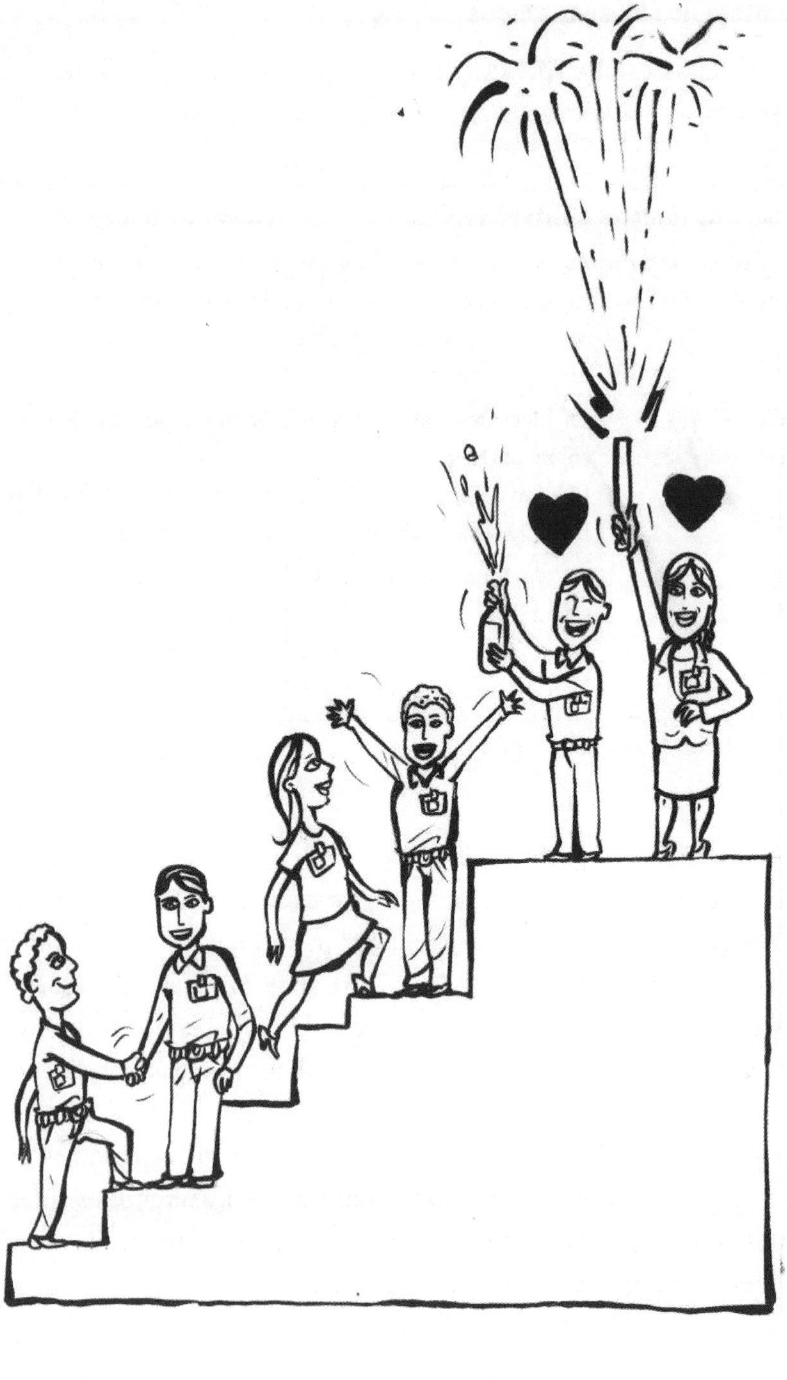

Vale ressaltar também que raramente um líder assume somente um estilo em todas as situações: ninguém vai ser sempre autocrático, sempre democrático ou sempre liberal. De modo geral, os líderes tendem para um estilo, mas é perfeitamente plausível que eles mesclem os estilos, dependendo da circunstância.

- **Teoria da liderança em *Coaching***

Além das teorias citadas, existe ainda a Teoria da Liderança em *Coaching*. Essa teoria vem sendo bastante difundida em virtude da proliferação dos cursos de *Coaching*, que é uma das carreiras que mais crescem na atualidade.

Coaching é uma palavra originada do inglês que significa basicamente treinamento ou instrução. No campo da Gestão de Pessoas, o *Coaching* vem sendo entendido como um método ou um processo de influências, em que o *Coach* (treinador/instrutor) auxilia o seu *Coachee* (aprendiz) no alcance de metas e objetivos. Esses objetivos podem ser pessoais ou profissionais e os *coachees* podem ser tanto pessoas quanto empresas. Para clarificar um pouco mais:

- *Coaching*: nome do processo.
- *Coach*: nome dado ao profissional que instrui e guia o processo.
- *Coachee*: nome dado ao cliente que recebe o *coaching*.

Normalmente, esse procedimento é baseado em etapas. A primeira etapa diz respeito à avaliação da situação atual do *coachee*. Uma verificação do estado das coisas. A segunda etapa visa elaborar um plano de ação que especifique as metas e como elas serão alcançadas. Por fim, começa a terceira etapa que é quando o *coach* motiva e guia o seu *coachee* para o alcance dessas metas. Por essas características, o *coach* e o *coachee* devem estabelecer uma relação mútua de ética e confiança.

Além disso, cabe mencionar que o *Coaching* é um processo de desenvolvimento humano. Por isso, ele é de suma importância para maximizar as habilidades psicológicas e emocionais dos *coachees*. Desse modo, podemos entender que se trata de um processo com foco não apenas nos resultados, mas também no crescimento e evolução das pessoas envolvidas.

O *coach* é um profissional habilitado que tem como função primordial liberar o potencial do *coachee* para a realização pessoal e profissional. Através de sessões semanais ou quinzenais, os *coachees* são instigados, por meio de diversas técnicas, a obter resultados com impactos positivos em seus relacionamentos, seus negócios, sua carreira e em seus estudos, por exemplo.

Na minha percepção, *Coaching* é um processo que tem como objetivos:

- Alavancar resultados que estão dentro de nós mesmos.
- Definir tarefas e planos de ação, através de monitoramento para sua execução.
- Desenvolver novas competências, a partir do conhecimento dos nossos pontos fortes e pontos de melhoria.

Seu foco é nas possibilidades futuras e em como transformá-las em realidade. *Coaching* não é terapia, aconselhamento ou mentoria. É um processo transformador, pois muitas vezes até sabemos o que queremos fazer, mas sozinhos não conseguimos alçar voos. Através desse processo, ao construirmos nosso plano de ação, nós acabamos acessando gatilhos que estavam adormecidos e, assim, descobrimos que nosso sucesso ou fracasso depende do nível de comprometimento que temos com determinadas tarefas a que nos propomos fazer.

Por essas características, pode-se constatar que a liderança em *Coaching* é aquela voltada para o desenvolvimento de pessoas. Ainda nessa perspectiva, o líder que pratica o *Coaching* é aquele que busca conduzir colaboradores e equipes ao sucesso. Para tanto, ele deve aprimorar as habilidades e o desempenho individual e coletivo de seus liderados. Deve despertar neles o potencial para maximizar a performance, sempre em busca de resultados extraordinários em menos tempo.

Nesse processo, é preciso que o líder em *Coaching* entenda que para atingir o resultado esperado, ele deve estabelecer metas claras e alvos tangíveis. Assim, ele pode obter o comprometimento do colaborador ou da equipe e criar um ambiente de trabalho baseado na cooperação e no companheirismo.

De acordo com Chiavenato (2002), podemos elencar algumas atitudes que são imprescindíveis ao líder em *Coaching*. Entre elas:

- Ouvir e ensinar.
- Orientar as pessoas.
- Desenvolver o potencial de cada indivíduo.
- Compartilhar responsabilidades.
- Saber reter talentos.

Veja que algumas dessas atitudes são comuns tanto aos líderes quanto aos *coaches*. Por isso, é importante ressaltar que nem todo líder é um *coach*, mas todo *coach* pode ser um líder. Isso desde que ele entenda que o desenvolvimento de pessoas é fator determinante para o bom desempenho das organizações. Por isso, o *Coaching* é compreendido como uma habilidade que deve ser aprimorada pelos líderes. Esse tipo de gestão envolve processos complexos que se iniciam na fase de recrutamento e seleção e também implica em treinamentos, avaliação de resultados e remuneração. Para que a Gestão de Pessoas seja considerada eficaz, ela deve ser orientada para os resultados, mas, principalmente, deve ser voltada para as pessoas. Infelizmente, hoje percebemos que depois de uma fase de "oba-oba", o *Coaching* vem perdendo prestígio em nossa sociedade. Isso se deve, entre outros fatores, à sua banalização.

Líder exponencial

Vivemos em um contexto em que mudanças exponenciais ocorrem em períodos de tempo cada vez mais curtos. No meio empresarial, essa perspectiva se torna mais evidente, uma vez que a cada dia surge uma inovação tecnológica, um produto novo ou uma empresa diferenciada no mercado. Quem não consegue acompanhar essa dinâmica acaba se defasando e perdendo pontos em competitividade. Para não se tornarem obsoletas, as empresas que buscam se destacar no mercado estão constantemente se adaptando às necessidades de seus clientes. Essa adaptação não deve ser somente de processos e produtos, mas também de modelos de gestão.

Os modelos de gestão atuais estão voltados para os líderes que podem efetivamente "dar conta do recado". Ou seja, aqueles que tenham flexibilidade e que estejam em constante evolução. Normalmente, são pessoas que sabem lidar de forma correta com as eventuais e abruptas mudanças.

Nós sabemos que a velocidade da informação e das mudanças impactam diretamente as empresas. As que levam mais tempo para se adaptarem a essas mudanças acabam tendo o desempenho afetado negativamente. Aqui entra em foco o líder exponencial. Esse tipo de líder se caracteriza pelo pensamento inovador e por sua capacidade de adaptação. Sua criatividade é capaz de criar estratégias que respondem prontamente às necessidades do sistema corporativo.

O líder exponencial é aquele que também comumente vem se denominando de disruptivo. O termo designa a inovação, o serviço ou o produto que é capaz de derrubar uma tecnologia já preestabelecida no mercado. Na maioria das vezes por ser mais barato e mais eficiente, ele derruba facilmente os concorrentes. Quando falamos em pessoas disruptivas, estamos falando de pessoas que rompem barreiras e paradigmas. Que não se prendem a padrões tradicionais e que estão abertas para o novo. Os líderes exponenciais conseguem engajar a equipe em torno de projetos também exponenciais. Assim, cria-se uma cultura organizacional voltada para a inovação.

Apesar de ainda ser difícil de definir, sabemos que, de modo geral, um líder exponencial possui as seguintes características:
- Inovador.
- Facilmente adaptável às mudanças
- Consegue tomar decisões preditivas.
- Dá autonomia aos seus liderados.
- Está sempre ligado às novas tecnologias e informações.
- Sabe identificar as melhores oportunidades.

O líder exponencial é aquele que tem uma rápida resposta às transformações do mercado. Por isso, ele deve respirar inovação e mudança. Deve criar um ambiente aberto para que seus liderados possam conviver com a diferença.

Líder Carismático e Líder Transacional

Além dos apontados, existem ainda modelos de liderança que focalizam o tipo de recompensa oferecida pelo líder. Entre eles, os mais comuns são o líder carismático e o líder transacional.

Líder carismático. É aquele que motiva seus liderados através de recompensas de fundo emocional. Entre elas, podemos citar a satisfação do liderado em participar de uma tarefa, a oportunidade de crescimento pessoal e profissional, além de elogios e agradecimentos por um trabalho bem-feito. Esse tipo de líder inspira a sensação de pertencimento entre os membros e a organização.

Líder transacional. É aquele que motiva seus liderados através de recompensas materiais mais tangíveis. Entre elas, podemos citar promoções, aumento de salário, ou dias de folga. Esse tipo de líder busca atingir metas oferecendo a seus liderados recompensas sem fundo emocional.

Algumas pessoas se motivam com elogios e agradecimentos, outras se motivam com um aumento do salário. Para outras, nada disso importa. Cabe ao líder identificar a motivação de seus liderados e agir conforme a conjuntura. Ele deve saber criar um ambiente no qual o liderado possa despertar o seu potencial. Ele também pode equilibrar os diversos tipos de recompensa, buscando sempre a melhor maneira de incentivar a equipe. De qualquer forma, espera-se que o líder saiba agir de forma correta dentro de cada situação e que consiga guiar corretamente as ações e as emoções para que o grupo conquiste melhores resultados. Essas habilidades, no entanto, dependem muito do nível de Inteligência Emocional do líder.

- **O papel da liderança**

Segundo Maximiano (2004, p. 28), "o principal motivo para a existência das organizações é o fato de que certos objetivos só podem ser alcançados por meio da ação coordenada de grupos de pessoas". Assim, podemos entender que o papel da liderança é um dos fatores que mais impactam no desempenho de uma organização. Ela é uma competência valorizada em diferentes contextos, sobretudo no contexto empresarial.

Como vimos no decorrer deste capítulo, a liderança é uma habilidade complexa que envolve a influência e a orientação de pessoas para possibilitar a realização de objetivos comuns. Para que essa influência ocorra de forma espontânea, ou seja, sem coerção, o líder deve servir de exemplo de conduta. Ele deve ser percebido ainda como um instrumento da satisfação das necessidades do grupo. Desse modo, as pessoas tendem a ouvi-lo e a segui-lo.

Existem duas lógicas dicotômicas em nossa sociedade: a racional e a emocional. Durante muito tempo, o lado racional foi mais valorizado no meio organizacional e empresarial do que o emocional. Contudo, nos últimos anos, estudos buscam atribuir igual importância aos dois lados. Desse modo, as competências de um líder não devem apenas se constituir por sua inteligência, mas também pela dimensão emocional. Com base no que foi exposto, o líder ideal seria aquele que conseguisse aliar seu Quociente de Inteligência (QI) com seu Quociente Emocional (QE):

Nenhuma dessas dimensões pode ser desprezada pelo líder, tendo em vista que as duas são de extrema importância. Por fim, podemos elencar alguns fatores para uma boa liderança. O líder deve:
- Conhecer a sua equipe e seus liderados.
- Ter a capacidade de motivá-los.
- Conseguir resultados satisfatórios.

O impacto do papel que o líder exerce incide ainda sobre outros elementos, tendo em vista que, na maioria das vezes, ele acaba sendo o responsável por definir o caminho a ser seguido para que as metas propostas sejam atingidas com sucesso. Para tanto, ele deve executar planos, delegar tarefas, orientar as atividades, motivar e conduzir a operação. Através de ações e palavras, ele deve atuar como um modelo a ser seguido. Toda a cultura organizacional é inspirada a partir da liderança. Sendo assim, se o líder não souber agir como tal, ele tende a perder a confiança de seus liderados, resultando em consequências negativas para todo o grupo. É impossível liderar ou ser liderado corretamente por pessoas que não confiamos.

Vimos também que existem diversos tipos de líderes e que suas especificidades impactam de diferentes formas o desempenho e os resultados. Convém ressaltar ainda que é perfeitamente possível que um líder transite sobre os variados estilos de liderança, de acordo com a tarefa a ser executada, as pessoas e a situação. O maior desafio enfrentado pelos líderes está em saber como aplicar cada estilo, com quem, em que circunstâncias e quais tarefas a serem desenvolvidas. Contudo, a chave para o sucesso da liderança tem um aspecto em comum: o alto grau de Inteligência Emocional. Para exemplificar de forma mais clara, irei contar uma situação que aconteceu comigo.

Em 2007, eu estava iniciando minhas atividades enquanto empresária. Nessa época, eu contava com uma equipe de seis pessoas. Busquei motivá-la através de uma competição, uma espécie de gincana. Formei dois grupos: Equipe Estrela e Equipe Lua. As equipes tinham metas diárias, semanais e mensais. Aos sábados, fazíamos reuniões e comemorávamos a equipe vencedora da semana. E, no final do mês, a equipe ganhadora tinha uma premiação diferenciada. Essa premiação não era um valor fixo. Às vezes, o prêmio era jantarmos no melhor restaurante, ou era uma viagem, uma roupa de marca ou um dia de beleza em um salão. De qualquer forma, eu é quem escolhia a premiação.

Com o tempo, fui percebendo que a equipe Lua era sempre a vencedora. Eu achava que isso ocorria porque a equipe Lua era a melhor e isso me bastava como justificativa. E me sentia frustrada achando que a Equipe Estrela não se empenhava para cumprir as metas propostas. Passaram-se dois anos assim. Obviamente, a equipe que me entregava os melhores resultados gozava de mais privilégios comigo. Afinal de contas, é algo natural do ser humano se aproximar exatamente daqueles que entregam aquilo que você espera.

Hoje, eu tenho uma melhor compreensão daquele momento. Naquele época, eu não era uma líder que prestava atenção aos detalhes das pessoas, suas fragilidades e potencialidades. Pior, não conhecia meus próprios funcionários. Eu não sabia qual era o sonho, o desejo ou a motivação de cada um. Então, as premiações eram estabelecidas por mim e eu as fazia do meu jeito. A Equipe Lua se sentia motivada por essas premiações, mas a Equipe Estrela, não. E eu julgava a Equipe Estrela sem reconhecer minhas próprias falhas enquanto líder.

Como a única constante que nós possuímos na vida é a mudança, após a saída dessas colaboradoras que formavam a minha equipe, me tornei uma mulher mais madura pessoal e profissionalmente. A contratação de novas colaboradoras foi realizada através de análise de perfil. Esse tipo de análise geralmente é utilizado para verificar se o perfil do candidato é compatível com determinado cargo ou função.

As primeiras análises foram realizadas de forma bem pessoal e amadorística. Discretamente, através de um almoço ou jantar, eu buscava identificar as características do candidato, seus pontos fortes e pontos que poderiam ser desenvolvidos posteriormente. Mais tarde, resolvi contratar uma empresa de recrutamento e seleção para fazer esse trabalho de forma mais profissional. Percebi que precisava descrever os cargos e as atribuições desse cargo para atrair pessoas com o perfil ideal, facilitando até mesmo o treinamento delas.

Busquei também conhecer melhor o meu pessoal. De cada colaborador, procurei saber qual era o seu maior sonho, pessoal e profissional, o estado civil, o grau de instrução, se tinha filhos, se sim, qual a idade deles, as formas de lazer preferidas, seus relacionamentos familiares, a data de aniversário, as motivações em permanecer na empresa, a religião, a comida favorita, entre outros.

O que eu quis demonstrar com a situação descrita é que os líderes precisam conhecer seus liderados. E digo sem receios que é uma tarefa bastante árdua identificar quais fatores são motivacionais ou não para determinado indivíduo, ou ainda para toda a equipe. Felizmente, isso pode ser feito através de inquéritos e, principalmente, de diálogos.

Com base em tudo o que foi exposto neste capítulo, podemos concluir que o papel da liderança seria, assim, inspirar os liderados, buscando identificar o que os incentiva. Depois, ele precisa saber gerenciar essas ações, que nem sempre são de cunho financeiro, para proporcionar melhor qualidade de vida e de trabalho para seu grupo ou funcionários. Dessa forma, a competência do líder está em influenciar, motivar e habilitar outros a contribuírem para o sucesso das organizações de que são membros, vislumbrando a possibilidade de que as pessoas possam trabalhar de maneira coordenada em torno de finalidades comuns dentro das empresas.

Outro grande desafio a ser enfrentado pelo líder é o gerenciamento e direcionamento das emoções do grupo ou emoções coletivas. A consequência dessa atitude é a construção de um bom clima e a satisfação dos liderados para com a organização. Se as emoções forem conduzidas positivamente, o desempenho do grupo pode ser impulsionado. Por outro lado, se as pessoas forem instigadas por sentimentos negativos, os resultados podem ser desastrosos. Por conta disso, o líder precisa saber criar um ambiente favorável no qual os funcionários possam despertar o seu potencial motivacional. Uma das consequências desses fatores pode ser a melhoria do clima social e o incremento da produtividade. Por isso, presume-se que os colaboradores com mais elevado nível de bem-estar psicológico tendam a denotar maior desempenho.

Em suma, no meio empresarial, o perfil do líder deve ser o de um entusiasta. Ele deve motivar sua equipe, principalmente, pelo exemplo. Além disso, o líder precisa desenvolver a empatia e deve entender as necessidades dos seus funcionários, preocupando-se com o bem-estar deles. Deve buscar ser solidário quando um funcionário faltar ao trabalho por motivos maiores, como por doença. Deve ter disposição para ensinar seus colaboradores. Deve ter capacidade para compreender as crises emocionais que acontecem nos momentos conturbados de suas vidas. Deve saber recompensar um bom trabalho, que pode ser com elogios, dias de folga e até mesmo com premiação. Mas, para isso, o líder precisa identificar quais benefícios ou atitudes são mais valorizados por sua equipe.

LIDERE POR RESPEITO E NÃO POR TEMOR.

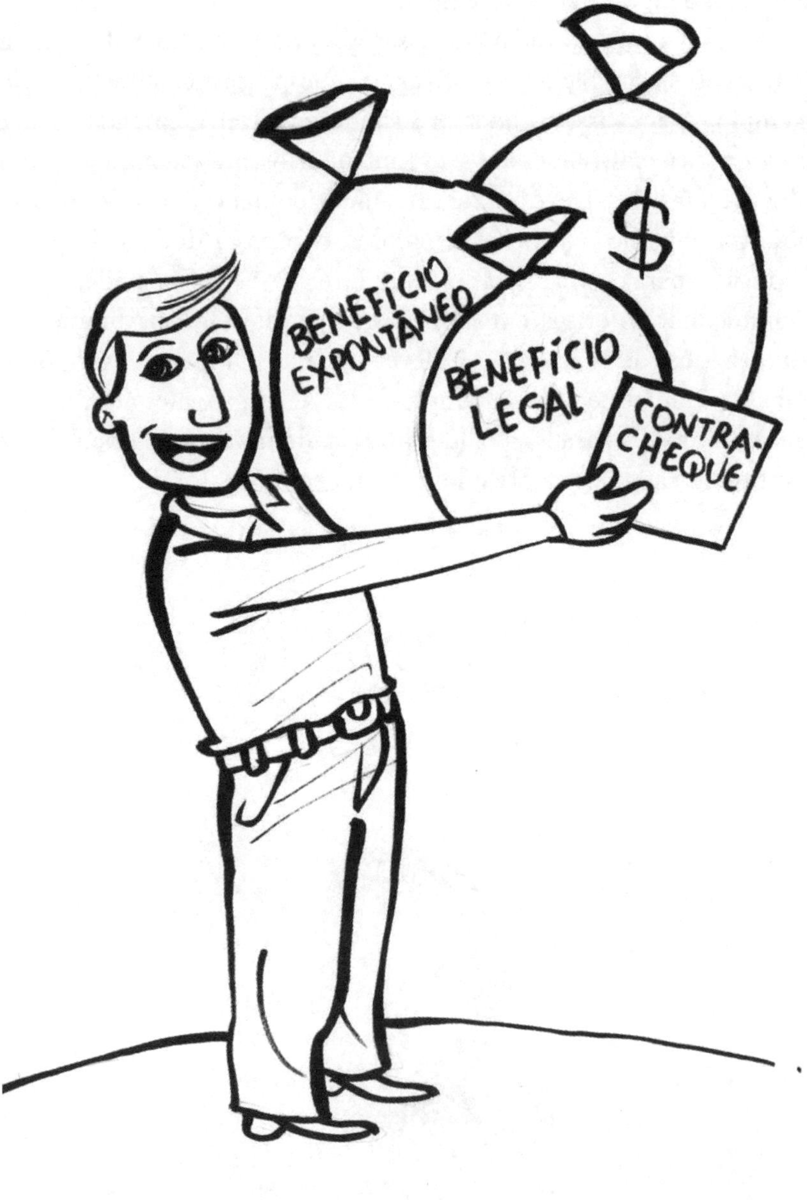
BENEFÍCIO EXPONTÂNEO
$
BENEFÍCIO LEGAL
CONTRA-CHEQUE

CAPÍTULO 3

Remuneração, Salário, Incentivos e Benefícios

A remuneração é um fator de extrema importância quando falamos em termos empresariais ou organizacionais. Contudo, o conceito de remuneração é complexo e engloba diversos componentes facilmente confundíveis. Por conta disso, este capítulo tem como objetivo diferenciar os conceitos de remuneração, salário, incentivos salariais e benefícios. Essa diferenciação é necessária para que depois possamos compreender melhor o conceito de salário emocional e como ele se diferencia do salário tido como convencional.

- **Remuneração**

No Brasil, a remuneração é assegurada pela Consolidação das Leis Trabalhistas (CLT), criada, em 1943, durante o governo de Getúlio Vargas. Segundo o art. 457 da CLT, "compreendem-se na remuneração do empregado, para todos os efeitos legais, além do salário devido e pago diretamente pelo empregador, como contraprestação do serviço, as gorjetas que receber". Assim, a remuneração engloba diversos componentes como salário, gratificações, adicionais e benefícios.

De acordo com Chiavenato (2004), a remuneração pode ser definida como a soma de tudo quanto o empregado aufere como consequência do trabalho que realiza em uma organização. Em razão dessas características, a remuneração pode ser composta tanto por fatores financeiros, como o dinheiro, quanto também por outras conveniências, como alimentação, transporte, etc. Ainda segundo Chiavenato, a remuneração é uma recompensa pelo tempo que o colaborador se dedica à empresa e é o que o faz se sentir bem com o trabalho.

Para Favarim (2011, p. 89), "a remuneração proporciona um sentimento de segurança, e define o padrão de vida da pessoa e de seus dependentes". Por outro lado, "funciona também como uma fonte de reconhecimento quanto a suas habilidades profissionais e desempenho dentro da organização".

Já conforme Martins (2008), a remuneração é o conjunto de prestações recebidas habitualmente pelo empregado pela prestação de serviços, seja em dinheiro ou em utilidades, provenientes do empregador ou de terceiros. A remuneração tem significados diferentes para empresas e para os funcionários. Para os indivíduos, a remuneração é uma fonte de renda. Para as empresas, a remuneração é um custo e um investimento.

Tipos de remuneração

Existem diversos tipos de remuneração. Entre elas, podemos destacar a remuneração fixa e a remuneração variável. A primeira corresponde ao salário e os benefícios sociais saldados aos funcionários. Segundo Martins (2008), a remuneração fixa é invariável e calculada em unidade de tempo, tendo como foco o cargo ocupado. Essa remuneração é garantida pela legislação brasileira, especialmente, pela CLT. Por isso, é considerado o tipo de remuneração mais segura. Já a segunda não é uma remuneração do tipo estável ou obrigatória. Apesar disso, seu uso é bastante frequente. A remuneração do tipo variável é utilizada, na maioria das vezes, como uma prática de gestão que busca atrair, motivar e manter bons funcionários. Por conta disso, ela oscila conforme o desempenho do funcionário, da equipe ou da empresa.

Em suma, podemos dizer que remuneração fixa tem como foco a segurança, e a remuneração variável tem como foco a motivação. Para clarificar o que foi exposto, observe o quadro abaixo:

Tipos de Remuneração		Vantagens	Desvantagens
Remuneração Fixa	Corresponde ao salário acrescido dos benefícios sociais.	Previsível. Segura.	É invariável. Não motiva os funcionários.
Remuneração Variável	Varia conforme o desempenho do funcionário, da equipe, ou da empresa como um todo.	Flexível. Motivadora.	Não é certa. Não é confiável.

Fonte: elaborado pelo autor (2017)

A relação entre remuneração e motivação dos empregados continua a ser bastante discutida. A remuneração fixa é a forma mais corriqueira de recompensar os funcionários, pois é um tipo de remuneração confiável. Contudo, muitos autores apontam que sua previsibilidade não é fator de produtividade, uma vez que a remuneração previsível e rotineira pode não se tornar muito incentivadora. Para exemplificar o que foi exposto, basta pensar da seguinte forma: se um funcionário cumprir todas as tarefas estipuladas, no fim do mês ele receberá um valor X em contraprestação ao serviço. Se o mesmo funcionário cumprir mais do que todas as tarefas estipuladas, ele continuará recebendo no fim do mês o mesmo valor X. Porque esse foi o valor acordado em seu contrato de trabalho. O valor será sempre o mesmo ainda que ele se esforce e faça além do que o expectável. Por isso, alguns pesquisadores afirmam que a remuneração fixa não é muito motivadora.

Em outras palavras, não haverá motivação para o trabalho se o funcionário souber que independente do seu esforço e de sua dedicação receberá o mesmo valor no final do mês. Evidentemente, essa perspectiva não é um consenso nos estudos organizacionais. Há teorias que apostam que esse tipo de remuneração se constitui como uma fonte de motivação, uma vez que, fora o voluntariado, as pessoas sempre trabalham visando algum tipo de compensação financeira. No geral, essas pesquisas buscam apontar o real impacto desse tipo de remuneração na motivação das pessoas.

Por sua vez, a remuneração variável vem sendo bem vista nos estudos organizacionais. Esse tipo de remuneração pode proporcionar diversas vantagens para as empresas, tendo em vista seu grande impacto motivacional. Ela recompensa aqueles que vão além e conseguem um melhor desempenho. Ainda com relação a esse aspecto, a remuneração variável pode ser realizada com base em metas e pagamentos de curto ou longo prazo. O que pode incitar os funcionários a alcançarem determinados resultados e buscarem melhorar sua performance. Ela também pode ser utilizada pelas empresas como forma de atração e manutenção de talentos, tendo em vista que os candidatos atribuem valor não apenas ao salário na hora de assumir e se manter em um cargo.

De qualquer forma, tanto a remuneração fixa quanto a remuneração variável devem ser compatíveis com a atividade ou meta a ser realizada ou alcançada. Por conta disso, a remuneração precisa ser bem definida. Quando a remuneração não é clara, pode gerar insatisfação e desestimular os funcionários, trazendo consequências negativas para a empresa.

Conforme as considerações de Chiavenato (2004, p. 258), podemos falar ainda da remuneração total: "A remuneração total é o pacote de recompensas quantificáveis que um funcionário recebe pelo seu trabalho". A remuneração constitui o mais importante custo de muitas organizações e, usualmente, é constituída por três componentes: remuneração básica, incentivos salariais e benefícios. Veja abaixo as especificidades de cada um desses componentes:

- **Remuneração básica.** É o pagamento fixo que o funcionário recebe de maneira regular na forma de salário mensal ou na forma de salário por hora.
- **Incentivos salariais.** São programas que visam recompensar os funcionários com bom desempenho. Uma espécie de bônus motivacional.
- **Benefícios.** Também conhecido como remuneração indireta, corresponde a férias, seguros de vida, refeições subsidiadas, vales-transportes, etc.

Assim, o salário pago em relação ao cargo ocupado representa apenas uma parcela do pacote de recompensa que as organizações oferecem ao seu pessoal. A junção desses componentes forma a remuneração total, que nada mais é do que a remuneração fixa + a remuneração variável. Nas organizações, o principal componente da remuneração total é a remuneração básica. Isso ocorre porque, na perspectiva de algumas empresas, a remuneração, para além de um investimento, é um custo. Por outro lado, as empresas que buscam destaque no mercado apostam cada vez mais em incentivos e benefícios salariais.

Além das remunerações que foram citadas, podemos elencar várias outras. Gil (2009, p. 190), por exemplo, distingue outros tipos de remuneração, como a por competências e a por habilidades.

- **Remuneração funcional:** é aquela que remunera de acordo com a função. É um dos tipos mais tradicionais de remunerar.
- **Remuneração por competências:** é aquela que acontece de acordo com o cargo que o colaborador ocupa e por suas competências.

- **Remuneração por habilidades:** é aquela que recompensa as pessoas não por um trabalho específico, mas pelos conhecimentos e habilidades exigidas para seu desempenho.

Esses exemplos reforçam a percepção de que a remuneração pode ser feita de diferentes maneiras, financeiras ou não. O salário emocional, como veremos mais à frente, é um tipo de contrapartida que não vem incluída na remuneração fixa e não pode ser mensurada.

Para uma melhor compreensão, vamos buscar entender agora os fatores que podem compor a remuneração.

- **Salário**

À luz das informações de Delgado (2016), o salário é o conjunto de parcelas contraprestativas pagas pelo empregador ao empregado em função do contrato de trabalho. De acordo com o art. 458 da CLT, "além do pagamento em dinheiro, compreende-se no salário, para todos os efeitos legais, a alimentação, habitação, vestuário ou outras prestações *in natura* que a empresa, por força de contrato ou de costume, fornece habitualmente ao empregado". Como podemos perceber, os termos salário e remuneração se assemelham em alguns pontos. Então, o que realmente diferenciaria o salário da remuneração?

A CLT não conceitua salário, apenas descreve seus componentes. Contudo, quando ela se refere a salário, não insere as gorjetas. Assim, podemos dizer que a remuneração é mais abrangente que o salário, uma vez que a remuneração indica a totalidade dos ganhos do empregado, que podem ser pagos diretamente pelo empregador ou por outras fontes, o que corresponde às gorjetas. Para Martins (2008), o salário, por sua vez, indica o valor econômico pago diretamente e somente pelo empregador ao empregado em decorrência de prestação de serviços, destinando-se a satisfazer suas necessidades pessoais e familiares.

No que diz respeito à remuneração, ao longo dos anos muito se discutiu a respeito do salário como fator motivacional. Nos estudos organizacionais, o salário, normalmente, vem definido assim:

"O salário é uma contraprestação pelo trabalho de uma pessoa na organização. Em troca do dinheiro (elemento simbólico e intercambiável), a pessoa empenha parte de si mesma, de seu esforço e de sua vida, comprometendo-se a uma atividade cotidiana e a um padrão de desempenho na organização". (CHIAVENATO, 2004, p. 260)

Assim, o salário é uma retribuição financeira paga pelo empregador ao empregado, em virtude do cargo ocupado ou serviço prestado e pode ser considerado um componente da remuneração.

Ainda de acordo com a perspectiva de Chiavenato, o salário permite alcançar muitos objetivos finais desejados pelo indivíduo, tendo em vista que ele se constitui a fonte de renda que proporciona o poder aquisitivo de cada pessoa. Por essas características, afeta as pessoas sob o ponto de vista econômico, sociológico e psicológico.

Atualmente, o Brasil conta com a existência do salário mínimo, que pode ser entendido como o valor mínimo que deve ser pago para o funcionário. Existem diferentes sistemas de salário. O salário pode ser pago, por exemplo, por unidade de tempo, por produção ou por tarefa.

- **Incentivos salariais**

No contexto contemporâneo, há uma tendência por parte das empresas em buscar colaboradores não apenas capacitados, mas também motivados. Quando falamos em motivação, percebemos que o salário por si só já não basta como atrativo. Por conta disso, várias organizações oferecem aos seus funcionários alguns incentivos, visando melhorar o desempenho deles.

Conforme Chiavenato (2004), podemos definir os incentivos salariais como programas de recompensa voltados para funcionários que apresentam bom desempenho. O funcionário se dedica mais e, em contrapartida, o empresário o gratifica. Essas gratificações podem ser concedidas através de bônus ou participação nos resultados. Ainda nessa perspectiva, Chiavenato afirma que não basta remunerar as pessoas pelo seu tempo dedicado à organização. Obviamente, essa é uma atitude necessária, mas não é suficiente. É preciso incentivá-las continuamente a fazer o melhor possível para alcançar os objetivos almejados e ir além.

Em suma, os incentivos têm a ver com o desempenho e a produtividade do funcionário. Eles visam compensar e motivar os trabalhadores que apresentam resultados acima da média.

- **Benefícios**

Para Chiavenato, os benefícios podem ser entendidos como todas as facilidades, as conveniências e as vantagens que são concedidas, pelas organizações, aos seus funcionários, no sentido de poupar-lhes esforços e preocupações. Eles podem ser financiados, parcial ou totalmente, pela organização. É um tipo de retribuição adicional aos salários, que também é conhecida como remuneração indireta. O profissional não os recebe em dinheiro, mas deixa de gastar com eles, uma vez que são oferecidos pela empresa em que trabalham.

Ainda segundo Chiavenato (2004, p. 314), "os benefícios e serviços prestados pela organização aos seus colaboradores influencia poderosamente o grau de qualidade de vida na organização". Diferentemente dos incentivos salariais, os benefícios não objetivam aumentar a produtividade do trabalhador. Na verdade, os benefícios têm a ver mais com o bem-estar e a qualidade de vida e de trabalho. Além do aspecto competitivo no mercado de trabalho, os benefícios são voltados para a preservação das condições físicas e mentais dos empregados. Alguns fatores são apontados como causas para o desenvolvimento dos planos de benefícios nas empresas. Entre eles, podemos citar o objetivo das empresas em reter funcionários e a atuação dos sindicatos.

Os benefícios podem ser classificados, quanto a sua exigibilidade, em dois tipos: benefícios legais e benefícios espontâneos. Veja abaixo a diferenciação entre eles:

- **Benefícios legais:** São aqueles exigidos pela legislação brasileira. Exemplos: 13º salário, férias remuneradas, Aposentadoria, salário-família, etc.
- **Benefícios espontâneos:** Não são exigidos pela legislação brasileira. Exemplos: gratificações, empréstimos, cestas básicas, etc.

Os benefícios legais são exigidos por lei e, no Brasil, são assegurados pela CLT. Alguns desses benefícios são fornecidos pela empresa, outros ficam a cargo do governo. Já os benefícios espontâneos são aqueles que as organizações oferecem espontaneamente aos seus funcionários e que não são exigidos pela legislação brasileira. Eles demonstram o grau de responsabilidade social das empresas e sua preocupação com o bem-estar de seus funcionários.

Os benefícios podem ser classificados também, quanto a sua natureza, em monetários e não monetários. Os monetários são concedidos em dinheiro, como por exemplo, o 13º salário. Por sua vez, os benefícios não monetários são concedidos em forma de serviços ou facilidades, como transporte e alimentação. Por fim, os benefícios podem ser categorizados quanto aos seus objetivos em: assistencialistas, recreativos ou supletivos. Os assistencialistas podem ser oferecidos através de assistência médica, odontológica ou no oferta de creches para os filhos dos funcionários. Os recreativos podem disponibilizar formas de lazer aos funcionários, como, por exemplo, acesso ao clube da empresa. Os supletivos podem ser oferecidos na forma de um restaurante no local de trabalho ou um estacionamento privativo.

Sistema de remuneração

O sistema de remuneração pode ser entendido como o conjunto de recompensas que uma organização ou empresa institui para remunerar seus funcionários. Um sistema de remuneração justo é essencial para fortalecer o comprometimento dos funcionários com os objetivos das empresas. As pessoas trabalham em função de certas expectativas e resultados. Por isso, espera-se que um sistema de remuneração de êxito consiga atender os interesses da empresa e as necessidades de seus funcionários.

Para ser elaborado, um plano de remuneração depende de diversos fatores. Entre eles, podemos citar os fatores internos e os fatores externos. De acordo com Chiavenato (2004), os fatores internos incluem elementos como a tipologia dos cargos, as políticas de RH, o desempenho financeiro da organização e a competitividade. Por sua vez, os fatores externos incluem elementos como: a situação do mercado de trabalho, a conjuntura econômica, a atuação dos sindicatos, a legislação trabalhista vigente e a concorrência.

Os sistemas tradicionais de remuneração, geralmente, são baseados na estrutura do cargo ou da tarefa a ser desempenhada. Esse tipo de remuneração se caracteriza pela inflexibilidade e pelo conservadorismo das relações de trabalho. Contudo, é perceptível que os modelos de gestão contemporâneos valorizam mais a humanização nas relações de trabalho, onde a remuneração ganha novos contornos. As empresas, cada vez mais, buscam saber as reais necessidades de seus funcionários.

Nessa perspectiva, entram em foco, além do salário, diversas recompensas não financeiras. São originados, por exemplo, premiações, bônus, programas de treinamento visando potencializar as habilidades profissionais dos funcionários e também são oferecidas diferentes vantagens aos colaboradores. Vantagens essas que também podem ser estendidas aos seus familiares. Fica claro que esse tipo de remuneração objetiva estabelecer um vínculo entre os funcionários e os resultados da empresa.

Como ficou evidenciado no decorrer deste capítulo, existem diversas formas de remuneração. Algumas são mensuráveis e fixas, outras são imensuráveis e flexíveis. Por conta disso, atualmente há uma grande preocupação por parte das empresas em saber qual seria a forma mais vantajosa e justa de remunerar seus funcionários. Com relação a este aspecto, Rothmann e Cooper constatam que:

"Um sistema de compensação eficiente deve ser adequado conforme a legislação do salário mínimo e também com as demais legislações alinhadas com os salários de mercados [...] adequado com o cargo, tornando o sistema justo, concedendo incentivo, méritos e aumentos, sem esquecer-se do equilíbrio entre a organização e o empregado" (ROTHMANN & COOPER, 2009, p. 202).

Assim, seria interessante pensar em um sistema de remuneração estratégico que atendesse tanto os interesses dos funcionários quanto os da empresa empregadora. Na verdade, sabemos que não existe um sistema de remuneração padrão. Cabe que cada empresa leve em consideração suas próprias características e as de seus funcionários e busque desenvolver um sistema de remuneração adequado a sua realidade. O salário emocional, como veremos adiante, é uma forma de remuneração que se baseia em contraprestações não financeiras. Ele é entendido como um forte fator motivacional nas empresas. Por isso, no próximo capítulo, falaremos sobre motivação.

> "A GENTE NÃO QUER SÓ DINHEIRO, A GENTE QUER DINHEIRO E FELICIDADE".
> Comida (Titãs)

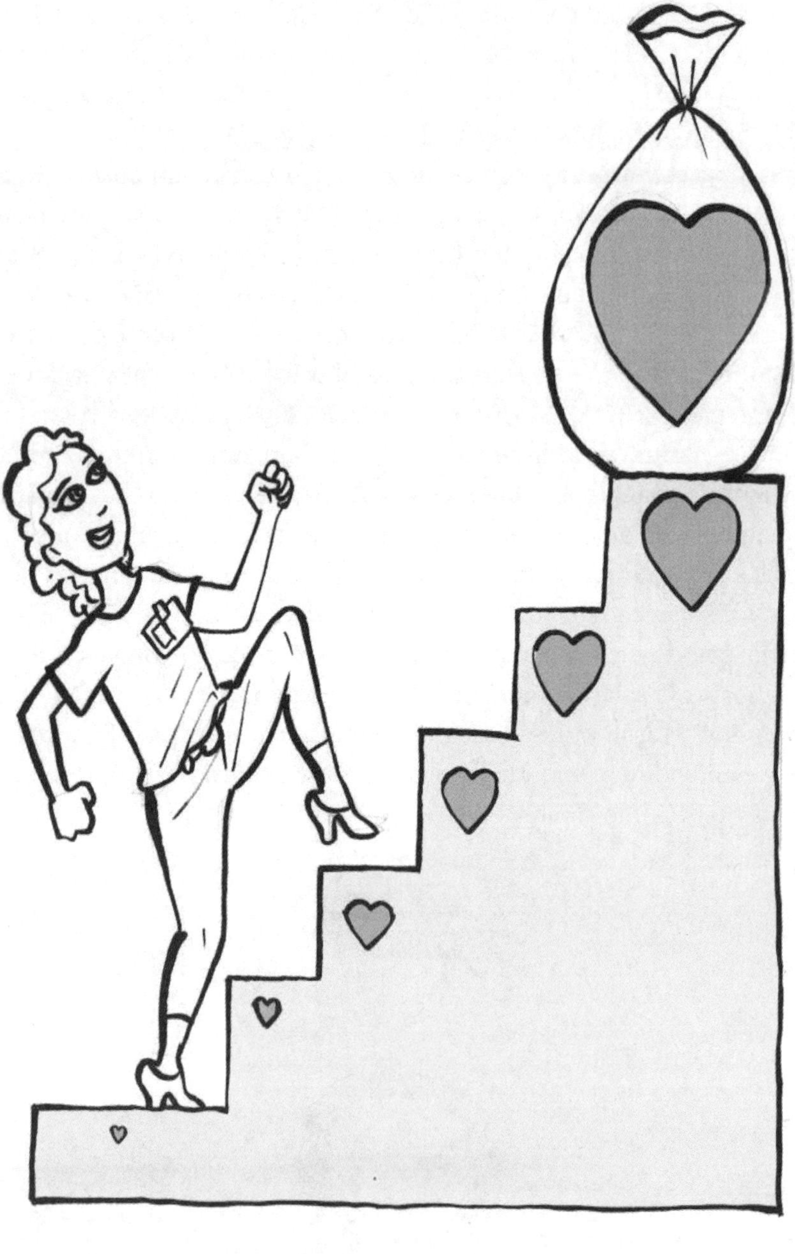

CAPÍTULO 4

Motivação e Produtividade

De acordo com estudos recentes, os funcionários motivados são os mais predispostos para o trabalho. Por conta disso, muito se tem falado sobre a motivação e como ela se relaciona com a produtividade. Nesse sentido, este capítulo tem como objetivo realizar uma discussão de base teórica, fundamentada na literatura específica sobre esses dois conceitos.

- **Motivação**

A motivação é um conceito bastante em voga na atualidade. Em grande parte, isso se deve ao desenvolvimento da Teoria das Relações Humanas que, nos últimos anos, passou a influenciar cada vez mais os estudos organizacionais e os procedimentos administrativos.

Conceitualmente, a motivação vem frequentemente sendo associada ao impulso interno que leva os indivíduos à ação. Conforme Robbins (2002, p. 151), a motivação seria "o processo responsável pela intensidade, direção e persistência dos esforços de uma pessoa para o alcance de uma determinada meta". Por sua vez, Chiavenato (2008, p. 63) aponta que a "motivação é tudo aquilo que impulsiona a pessoa a agir de determinada forma ou, pelo menos, que dá origem a uma propensão a um comportamento específico".

Nos estudos organizacionais, a motivação também pode ser definida da seguinte forma:

"A palavra motivação deriva do latim *motivus, movere*, que significa mover. Em seu sentido original, a palavra indica o processo pelo qual o comportamento humano é incentivado, estimulado ou energizado por algum tipo de motivo ou razão. O comportamento humano sempre é motivado. Sempre há um motor funcionando, que movimenta o comportamento humano. De vez em quando o motor fica em ponto morto ou para de funcionar e a pessoa fica desmotivada". (MAXIMIANO, 2006, p. 147).

Para Maximiano (2006), a motivação que induz o comportamento humano é fruto da relação entre motivos internos do indivíduo e estímulos externos do ambiente ou da situação em que ele se encontra. Por essas características, podemos afirmar que a motivação é volúvel.

Um dos principais questionamentos da psicologia motivacional é entender os motivos que levam as pessoas a agir ou a adotar determinados comportamentos. De modo geral, é sabido que os motivos humanos são baseados em suas necessidades. Essas necessidades são diversas e variam de acordo com o tempo e de pessoa para pessoa. As necessidades também podem ser influenciadas ou direcionadas pela situação. Desse modo, minhas necessidades podem ou não coincidir com as suas. Além disso, as necessidades que eu sentia há dez anos já podem não corresponder ao que eu necessito atualmente.

Segundo Marras (2009, p. 34), as pessoas sempre estão tentando satisfazer suas necessidades. Para ele, "a motivação é a força motriz que alavanca as pessoas a buscarem a satisfação. Enquanto perdura a situação, perdura a motivação. Ao satisfazer a necessidade, acaba a motivação". Fica evidente, assim, a relação que se estabelece entre necessidade e motivação.

As necessidades humanas, quanto à sua origem, podem ser classificadas de duas formas: necessidades primárias e necessidades secundárias. As necessidades primárias dizem respeito àquilo que é considerado essencial para o indivíduo, como por exemplo, as necessidades fisiológicas (respirar, comer, etc.). As necessidades secundárias são importantes, mas não são tão imprescindíveis. Como exemplo, podemos citar a necessidade que algumas pessoas têm de ser aceitas por um determinado grupo social. Quanto à sua natureza, as necessidades podem ainda ser classificadas em: biológicas (fome, sono, etc.), psicológicas (necessidade de expressão, etc.) e sociais (aprovação social, filiação, etc.).

- **Teorias motivacionais**

Ao longo dos anos, foram formuladas variadas teorias com o objetivo de explicar a motivação humana. Entre elas, algumas proeminentes.

Hierarquia das necessidades de Maslow

O psicólogo americano Abraham Maslow buscou organizar as necessidades humanas hierarquicamente. Segundo essa teoria, as necessidades humanas podem ser hierarquizadas em cinco grupos: necessidade de autorrealização, necessidade de autoestima, necessidades sociais, necessidade de segurança e necessidades fisiológicas. Essas necessidades podem ser verificadas na pirâmide a seguir:

Na base da pirâmide se encontram as necessidades mais recorrentes e, no topo, as mais sofisticadas. De acordo com Maslow, as necessidades humanas são realizadas de baixo para cima. Ou seja, elas possuem uma ordem de realização, partindo das necessidades básicas (primárias: necessidades fisiológicas e de segurança) para as necessidades mais complexas (secundárias: sociais, autoestima e realização). Quando uma dessas necessidades é substancialmente satisfeita, ela perde seu caráter motivador. Assim, o próximo grupo de necessidades passa a ser o alvo a ser atingido.

Teoria ERC – Existência, Relacionamento e Crescimento

A Teoria ERC – Existência, Relacionamento e Crescimento, foi elaborada pelo psicólogo americano Clayton Alderfer. Essa teoria é uma tentativa de aprimoramento da teoria da Hierarquia das Necessidades de Maslow. De acordo com Alderfer, as necessidades humanas não se dispõem de forma hierárquica e podem ser distribuídas em apenas três grupos:

- **Existência:** necessidade de sobrevivência (comer, dormir, etc.).
- **Relacionamento:** necessidade de relacionamentos interpessoais.
- **Crescimento:** necessidade de produzir e criar.

Como essas necessidades não estão dispostas de forma hierárquica, os indivíduos podem transitar entre elas sem uma ordem preestabelecida. Ou seja, segundo essa teoria, as pessoas não seguem uma ordem para satisfazer suas necessidades. Em vez de uma hierarquia, Alderfer propõe uma relação de frustração e regressão. As pessoas podem ir e voltar de um grupo de necessidades.

Teoria das Necessidades Adquiridas

O psicólogo americano David McClelland elaborou a Teoria das Necessidades Adquiridas. Essa teoria se relaciona com a motivação para o trabalho. Conforme essa perspectiva, existe somente três necessidades no trabalho:

- **Necessidade de realização:** busca de reconhecimento pelas realizações.
- **Necessidade de poder:** busca de controle e comando.
- **Necessidade de afiliação:** busca desenvolver relações interpessoais próximas e saudáveis.

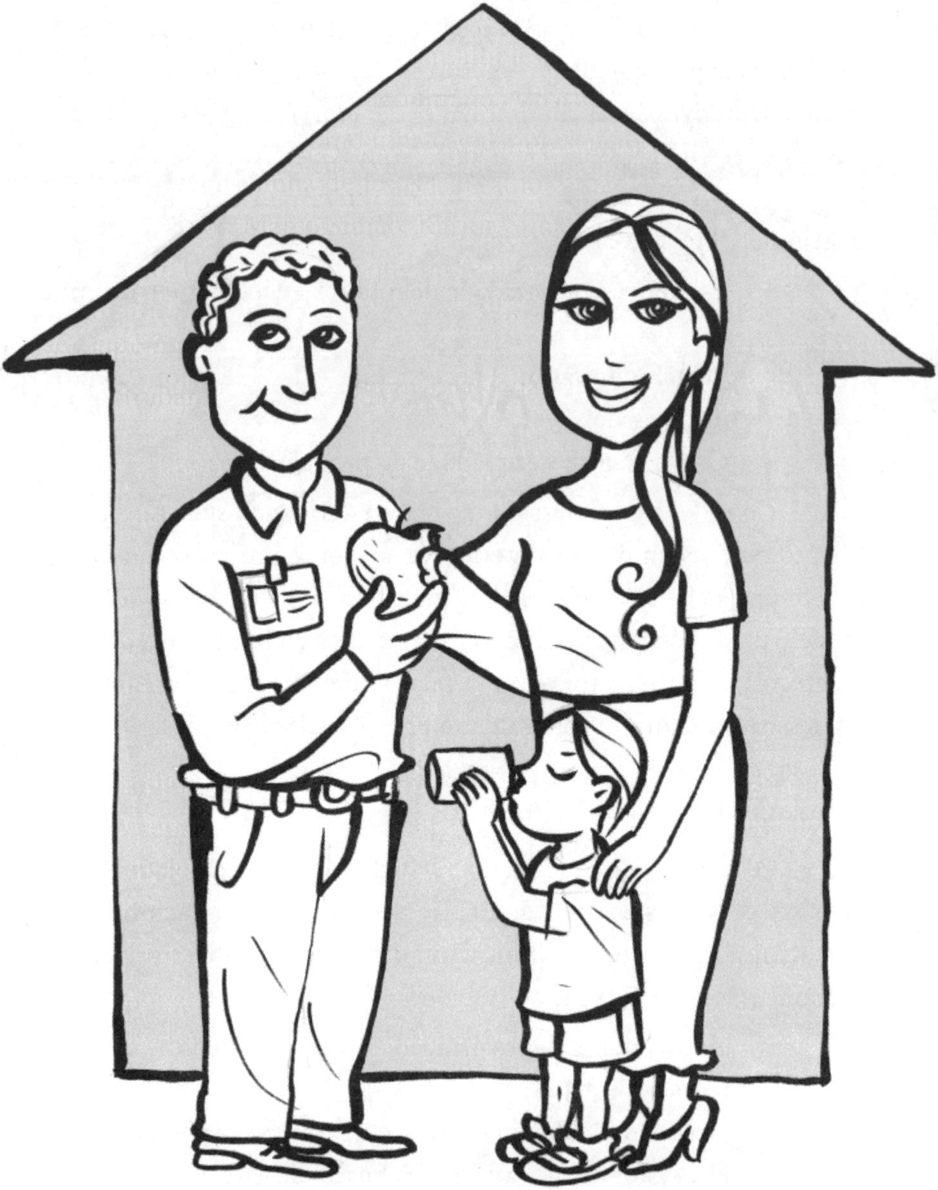

De acordo com a teoria de McClelland, essas necessidades são aprendidas pelos indivíduos através da cultura e da sociedade em que eles vivem. Como elas são absorvidas pelo meio, pessoas de culturas diferentes são motivadas por necessidades diferentes.

Teoria dos Dois Fatores de Herzberg

A Teoria dos Dois Fatores de Herzberg é uma das mais conhecidas sobre a motivação. De acordo com o psicólogo Frederick Herzberg, as necessidades dos indivíduos no trabalho podem ser agrupadas em dois fatores:

- **Higiênicos:** são aqueles que mesmo quando são ótimos não são determinantes para gerar a motivação, apenas evitam a insatisfação.
- **Motivacionais:** são aqueles que proporcionam a satisfação.

Esses fatores orientam fortemente o comportamento das pessoas no trabalho. Os fatores higiênicos são aqueles de fundamental importância para a realização de qualquer atividade. Como por exemplo, o salário e as condições físicas do local de trabalho. Apesar de necessários, eles não são muito motivadores. Em outras palavras, os fatores higiênicos são aqueles que não geram motivação, mas a sua inexistência causa insatisfação.

Por sua vez, os fatores motivacionais são aqueles que produzem satisfação e geram produtividade. Como exemplo, podemos citar a realização e o reconhecimento. De acordo com essa teoria, a satisfação dos indivíduos é afetada pelos fatores motivacionais, e a insatisfação, pelos fatores de higiene. Além disso, ela demonstra que as pessoas precisam de boas condições de trabalho para se sentir bem. Em virtude disso, para motivar seus funcionários, as empresas devem investir tanto nos fatores higiênicos quanto nos fatores motivacionais.

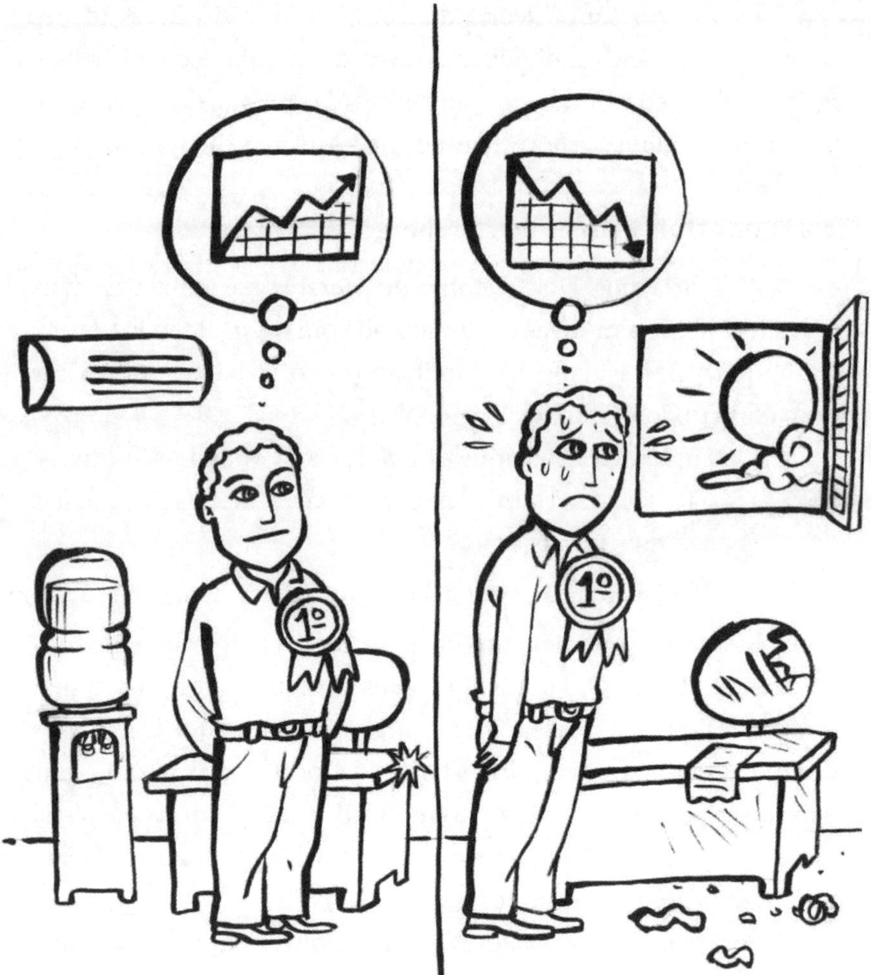
1º
1º

Teoria X e Y

Essa teoria foi desenvolvida pelo professor norte-americano Douglas McGregor. Resumidamente, McGregor propõe a classificação do comportamento humano a partir de duas perspectivas generalizantes: a X e a Y.

- **Teoria X:** aponta que as pessoas necessitam de motivação porque veem o trabalho numa perspectiva negativa. Elas não querem trabalhar, mas precisam, para ganhar dinheiro.
- **Teoria Y:** aponta que as pessoas veem o trabalho numa perspectiva positiva. Elas querem e precisam trabalhar.

Basicamente, McGregor antagoniza dois perfis comportamentais no trabalho. A teoria X pressupõe que os indivíduos têm uma profunda aversão ao trabalho e o evitam sempre que possível. Por conta disso, a produtividade delas depende de ordens constantes. Essa perspectiva reflete uma visão autocrática das relações de trabalho e implica dizer que as pessoas precisam ser coagidas e controladas para produzir.

A teoria Y, por sua vez, pressupõe que os indivíduos gostam de trabalhar e o acham tão natural quanto o lazer. De acordo com essa teoria, as pessoas são criativas e tentam dar o melhor de si. Portanto, as empresas devem prover meios para que eles possam desenvolver suas atividades nas melhores condições.

Teoria do Reforço

A Teoria do Reforço é baseada nos estudos comportamentalistas do psicólogo Burrhus F. Skinner. De acordo com essa teoria, a motivação é um comportamento que varia de acordo com as consequências das ações. Em outras palavras, todo comportamento é controlado por uma consequência, Por exemplo:

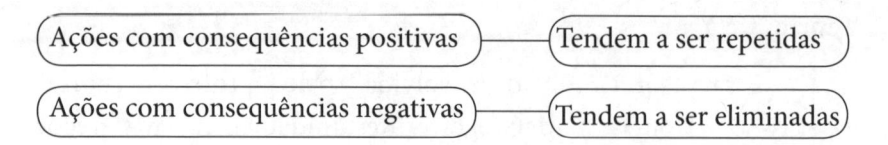

| Ações com consequências positivas | Tendem a ser repetidas |
| Ações com consequências negativas | Tendem a ser eliminadas |

As ações que trazem resultados positivos são repetidas porque proporcionam satisfação ao indivíduo. Essa sensação acaba virando uma espécie de motivação. Por outro lado, as ações com consequências negativas, geralmente, terminam em punições que em nada motivam.

Essa teoria propõe que o comportamento das pessoas pode ser influenciado através de recompensas (reforço). Para aumentar a emissão de um determinado comportamento, é preciso reforçá-lo ao longo do tempo. Esse reforço pode ser monetário ou não. O importante é que ele atenda as necessidades do colaborador e gere motivação. Assim, as pessoas passam a atuar de forma que se sintam mais recompensadas.

Teoria da Equidade

A teoria da equidade é atribuída a J. Stacy Adams. Conforme essa teoria, a motivação humana se relaciona com a proporcionalidade entre o trabalho e a compensação. Ou seja, os indivíduos se motivam quando percebem que há justiça e equidade nas relações de trabalho. Por exemplo, se duas pessoas realizam o mesmo tipo de trabalho, elas devem receber o mesmo tipo de recompensa.

Teoria da Expectativa

A Teoria da Expectância ou da Expectativa foi formulada pelo psicólogo canadense Victor Vroom, tendo como base as teorias de Maslow e Herzberg. Essa teoria é uma das mais discutidas nos estudos acadêmicos atuais e aponta três variáveis determinantes da motivação para o trabalho em cada indivíduo:

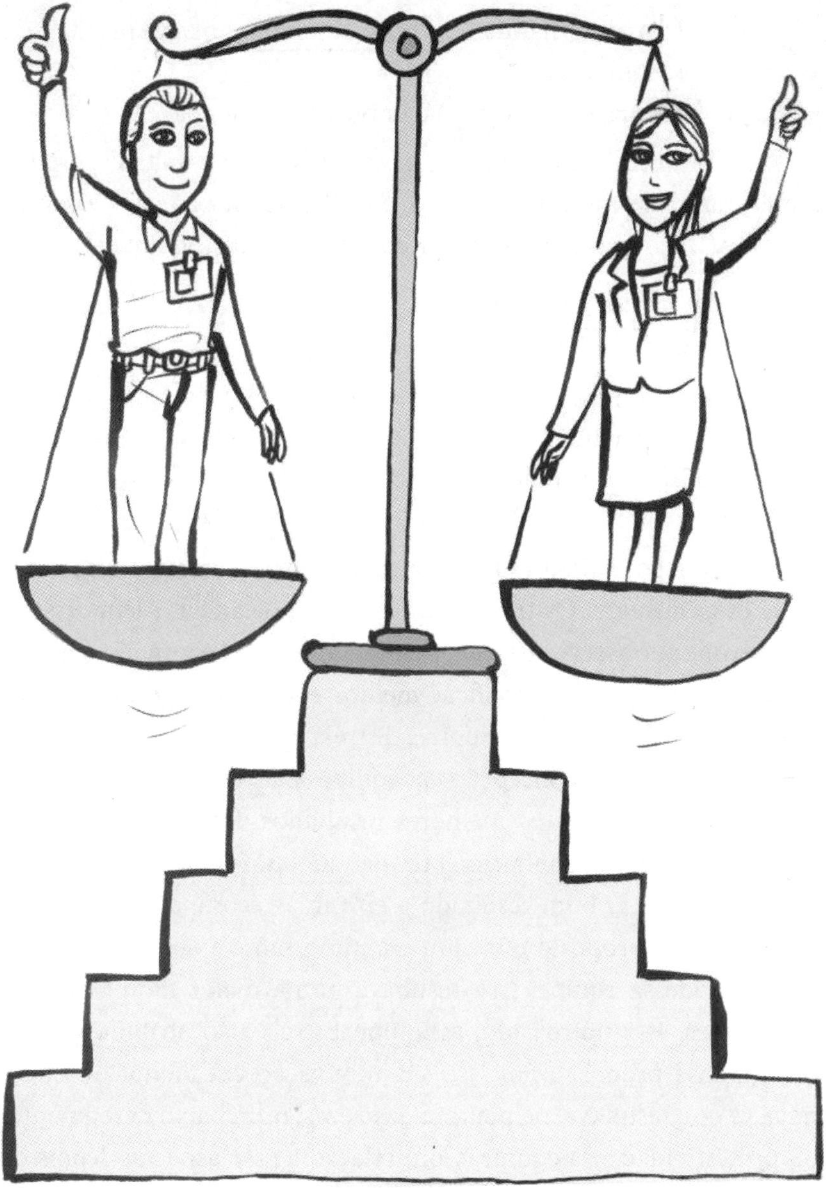

- **Expectativa:** o esforço empregado deve resultar no desempenho almejado.
- **Instrumentalidade:** o bom desempenho deve resultar em recompensa.
- **Valor:** a recompensa é importante e desejável.

Conforme essa teoria, a expectativa de um resultado positivo é uma razão da motivação para o trabalho. Com base nas variáveis expostas, a motivação poderia ser equacionada da seguinte forma:

$$M = [E] \times [I] \times [V]$$

Sendo:
M = Motivação
E = Expectativa
I = Instrumentalidade e
V = Valor

Com base nisso, para que haja motivação nenhum dos fatores pode estar ausente. Os três são de igual importância. Além disso, é preciso que se observe que cada pessoa tem um determinado objetivo motivacional. Para exemplificar melhor essa teoria, vou relembrar minha experiência com as Equipes Estrela e Lua.

Em minha concepção, a equipe Lua sempre era a mais motivada e entregava os melhores resultados. Isso ocorria porque essa equipe tinha conhecimento de que um bom desempenho resultaria em um bom resultado e em uma recompensa. Ademais, a recompensa proposta por mim era importante e desejável para os membros dessa equipe. Isso resultava numa maior motivação por parte deles. Por outro lado, a Equipe Estrela não atribuía valor à recompensa proposta, por isso sua motivação era menor ou quase nula. O que resultava, na maioria das vezes, num baixo desempenho ou produtividade da equipe. Com relação a esse aspecto, depois de citar as diferentes teorias sobre a motivação, pretendo agora abordar melhor a interação entre motivação e produtividade.

salário emocional

Produtividade

No meio empresarial é constante a busca pela produtividade, uma vez que ela representa o lucro. Por definição, a produtividade se estabelece através da relação entre aquilo que é produzido e os fatores de produção empregados. Dessa maneira, podemos entender que, para o alcance da produtividade é necessário que se produza mais utilizando menos.

Moseng e Rolstadas (2001) definiram a produtividade como sendo a habilidade de satisfazer as necessidades do mercado por produtos e serviços com o mínimo de consumo dos recursos. Já de acordo com Reggiani, Prada e Figueiredo (2005), o conceito de produtividade está associado à maneira como é utilizado determinado recurso na produção de um bem ou serviço. Contudo, a produtividade não é o único fator que reflete o desempenho de uma organização. Para esses autores, essa avaliação deve considerar também outros fatores tais como eficiência, qualidade, lucratividade, ambiente de trabalho e também inovação.

A produtividade no ambiente de trabalho é uma conquista incansavelmente perseguida pelas organizações, como forma de posicioná-las numa situação de destaque no cenário onde atuam. Assim, podemos entender a produtividade como a busca dos melhores métodos de trabalho e processos de produção, com o objetivo de obter melhorias com o menor custo possível e, é claro, sem deixar de lado a qualidade. Já com relação à produtividade dos colaboradores, podemos entendê-la como sendo o comprometimento ao desempenhar suas funções com assiduidade, interesse, participação e proatividade.

Motivação e produtividade

Existe relação entre a motivação do funcionário e a sua produtividade? Essa é uma questão que continua estimulando diversos debates e passou a receber atenção devido à grande competitividade internacional nos mercados. Basta olharmos a quantidade de publicações que correlacionam os dois fatores nos dias de hoje. A maioria desses trabalhos busca demonstrar como a motivação no trabalho interfere positivamente na disposição que o funcionário de uma empresa tem para cumprir as suas tarefas no trabalho. Um dos maiores desafios das empresas atuais é instigar a motivação para o trabalho. Por conta disso, percebemos que a temática da motivação vem se tornando de suma importância para as organizações que querem se destacar no mercado.

De modo geral, sabemos que o nível de produtividade de uma pessoa não é somente instigado por sua motivação, mas não podemos negar a influência que uma exerce sobre a outra. Funcionários motivados produzem mais e melhor. Isso porque, uma pessoa motivada se dedica mais na realização de suas atividades, o que, por conseguinte, contribui para o bom desempenho da empresa em que ela trabalha. Por outro lado, uma pessoa desmotivada raramente consegue obter um bom desempenho, fazendo com que as metas da empresa não sejam atingidas.

Antigamente, a competitividade de uma empresa era decidida apenas por seus recursos tecnológicos e seu maquinário. Contudo, atualmente estão entrando em questão novos fatores, como a capacidade de produção e o potencial humano.

Com base nas diversas teorias sobre a motivação que vimos no decorrer deste capítulo, podemos inferir que um funcionário será motivado a produzir mais quando ele tiver a percepção de que seu esforço, de alguma forma, trará resultados ou recompensas. Todavia, devemos destacar que essas recompensas devem ser compatíveis com suas necessidades pessoais e profissionais.

Outro aspecto que devemos apontar sobre essa relação é que a motivação deve ser incentivada pelo líder da empresa e deve, ao mesmo tempo, ser reconhecida pelos funcionários de forma espontânea, e não coercitiva. Ou seja, o ideal é que ela seja estimulada e não imposta autoritariamente. Porém, como vimos, algumas teorias, como a teoria X, por exemplo, afirmam que alguns indivíduos, por verem o trabalho numa perspectiva negativa, precisam estar sob forte pressão para produzir. Com relação a este aspecto, Bergamini diz que:

"É preciso que os gestores compreendam que não se trata somente de fiscalizar a execução do trabalho, é preciso também aprender a elogiar o trabalho de seus colaboradores quando necessário, como forma de motivá-los e também reconhecer que o trabalho que eles desempenham para a organização é importante". (BERGAMINI, 1999, p. 23).

Com base nisso, atualmente, podemos perceber que muitas empresas estão utilizando novos métodos para motivar seus funcionários com o intuito de aumentar a produtividade. O desafio é buscar entender o que as motiva, por isso, os líderes precisam conhecer as necessidades de seus liderados.

De acordo com Tadeucci (2001, p. 67), a "motivação deve ser energizada, direcionada e sustentada para que os gestores entendam as necessidades, as preferências, as metas, as recompensas e as comparações entre e intragrupo". Essa é uma das razões pelas quais os funcionários de uma empresa não devem ser entendidos como uma massa homogênea, mas sim como seres singulares.

Evidentemente, para que a motivação seja incentivada no ambiente de trabalho, os funcionários devem ter uma clara percepção de que seu empenho reverterá em resultados ou recompensas. Se ele sentir que seu esforço não redundou em algum tipo de vantagem, ele vai acabar se desmotivando. Além disso, esses resultados devem estar de acordo com seus objetivos profissionais e pessoais. Tendo por base a Teoria da Expectativa de Victor Vroom, para que haja motivação, os indivíduos precisam atribuir valor a essas recompensas.

> NÃO TRABALHE COMO SE ESTIVESSE FAZENDO UM FAVOR. AME E FAÇA POR AMOR.
>
> Marina Simão

CAPÍTULO 5

Salário Emocional

O tema salário emocional vem sendo debatido em diversos países, mas no Brasil ele continua sendo pouco estudado. Partindo dessa premissa, busco construir uma definição que possa balizar melhor essas discussão e que contribua para futuros trabalhos sobre a temática. Por isso, este capítulo tem como objetivo apresentar e definir o conceito que norteia esta pesquisa.

Afinal de contas, o que é salário emocional? Qual a importância do salário emocional para o bem-estar dos colaboradores nas organizações? Que vantagens o salário emocional pode trazer para as empresas e para empregados? Buscarei agora responder a esses questionamentos.

Salário Emocional: construindo um conceito

A origem do salário emocional vem sendo comumente atribuída à FIB (Felicidade Interna Bruta), uma ferramenta que permite mensurar a produtividade dos colaboradores correlacionada com o nível de satisfação deles com a empresa em que trabalham.

No decorrer deste livro foram abordados diferentes elementos que em maior ou menor grau se relacionam com o conceito de salário emocional. Entre eles, vimos a importância das ações emocionais no ambiente de trabalho, o papel dos líderes no processo de gerenciamento das emoções individuais e coletivas, os conceitos

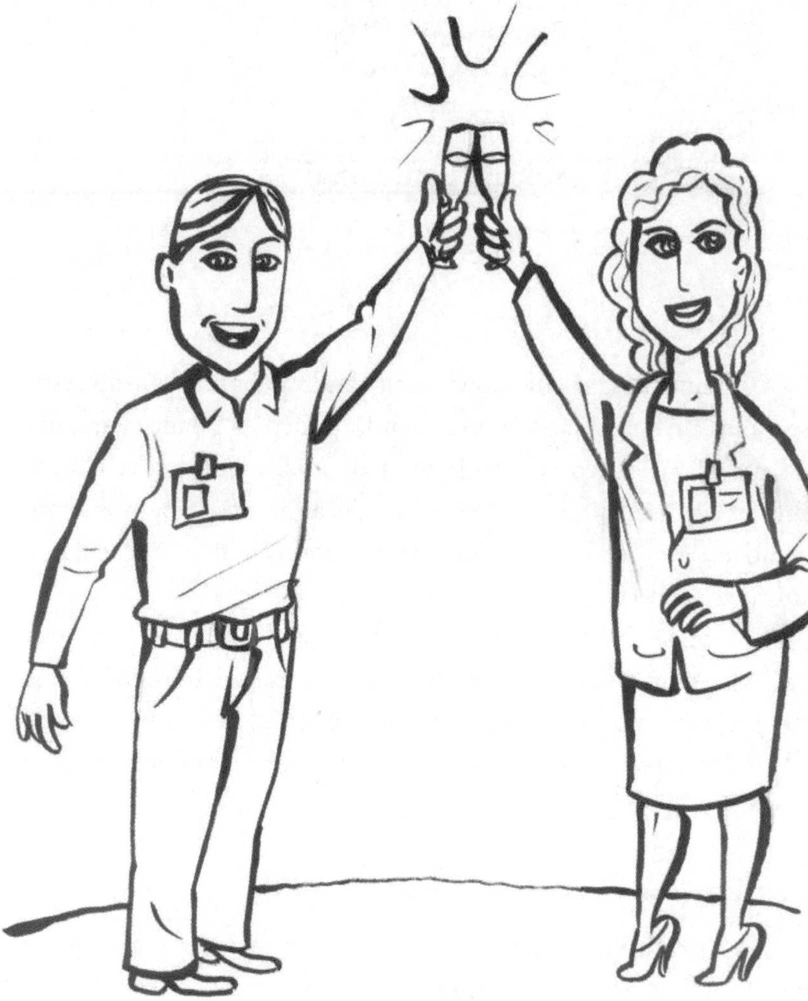

de remuneração, salário, incentivos e benefícios. Vimos também a relevância da motivação no contexto organizacional e como ela se relaciona com a produtividade. Bem, tudo isso vai compor o conceito que busco construir.

É perceptível que a expressão salário emocional engloba dois componentes diferentes: salário e emoção. Observamos, em outros capítulos, que o salário corresponde a uma contraprestação pelo trabalho de uma pessoa. Ou seja, é uma recompensa em virtude do cargo ocupado ou dos serviços prestados, e é uma das formas mais tradicionais de remuneração.

Por outro lado, a emoção corresponde a uma alteração do ânimo. É a forma como o nosso organismo reage diante de estímulos externos. Essa resposta envolve reações orgânicas e sensações pessoais e são responsáveis por boa parte dos nossos comportamentos ou tomadas de decisão. Uma vez que o termo salário emocional é composto por esses dois elementos, ele pode ser representado conforme a imagem abaixo:

O termo **salário** pressupõe uma identificação com uma contraprestação ou retribuição. Já o termo **emocional** pressupõe uma relação com a satisfação de alguma necessidade pessoal de caráter não material, e sim afetiva. Partindo desses dois conceitos (salário e emoções), podemos dizer que o salário emocional seria uma espécie de contraprestação baseada em retribuições emocionais que visam instigar nos colaboradores algum tipo de resposta ou comportamento. Vale lembrar que, diferentemente do salário comum, o salário emocional não pode ser pago em forma de dinheiro. Isso porque ele se apresenta como retribuição do tipo não financeira. De modo geral, essa retribuição é de natureza emocional e faz com que os funcionários respondam demonstrando motivação, produtividade e comprometimento com a organização em que atuam.

De acordo com Fisher (2010), o compromisso organizacional afetivo pode ser entendido como sentimentos de apego, pertencimento e valor correspondente à organização maior. Ele representa a junção entre o que uma organização pode oferecer e as expectativas, necessidades e preferências do empregado. Em termos práticos, é tudo aquilo que faz com que uma pessoa queira permanecer na organização em que trabalha. O profissional compromissado mostra-se disposto a exercer um esforço considerável em benefício da organização, tendo em vista que ele compactua com os valores, normas e objetivos dela. Por essas características, um alto grau de comprometimento organizacional afetivo tende a aumentar o desempenho e a produtividade no trabalho, e a reduzir níveis de rotatividade e absenteísmo. Trata-se de uma importante ferramenta de fidelização.

Podemos elencar algumas práticas que geram esse sentimento de comprometimento entre os colaboradores e a organização. Entre elas, quando a empresa trata com respeito e justiça o trabalhador, quando a comunicação entre os setores é clara e eficaz, quando o líder

dá oportunidades de participação nas tomadas de decisão, quando há oportunidade de crescimento dentro da empresa, quando não há discriminação, etc. Enfim, existe uma infinidade de fatores que proporcionam a sensação de bem-estar do colaborador no trabalho. Entre eles, podemos ainda citar os seguintes:
- Ambiente de trabalho agradável
- Comunicação ágil e correta
- Treinamentos de autoconhecimento
- Possibilidade de crescimento pessoal e profissional
- Gestos de reconhecimento e valorização.

Normalmente, são pequenas ações, mas que suscitam impactos significativos no comprometimento organizacional e na motivação. O salário emocional realiza uma humanização das relações no ambiente de trabalho. É interessante sublinhar que eu atuo há algum tempo como instrutora e consultora empresarial na área de vendas e de marketing e, nesse tipo de trabalho, é notório que, para vender, precisamos de pessoas. São elas que fazem com que alcancemos os objetivos e resultados dentro de uma empresa. Por isso, as emoções são, sim, fator de impacto dentro das organizações.

Essa conceituação parte da premissa de que, para oferecer um resultado positivo, o colaborador precisa estar emocionalmente satisfeito. É evidente que um colaborador satisfeito com a organização vai apresentar um melhor desempenho do que um que está insatisfeito. E isso não é apenas o senso comum, é fato comprovado. Pesquisas realizadas em diversos países apontam a existência de correlações positivas entre colaboradores mais felizes e a produtividade.

Como foi referido anteriormente, cada indivíduo tem expectativas e necessidades diferentes sobre o trabalho. Ou seja, a motivação das pessoas para o trabalho é subjetiva, está estritamente atrelada às suas necessidades pessoais e profissionais. Essas necessidades não são definitivas e estáticas, pelo contrário, são singulares e volúveis. A partir do momento em que uma necessidade é satisfeita, logo surge outra em seu lugar, por conseguinte, a partir do momento em que eu recebo um salário, ele deixa de ser minha principal necessidade. Nessa perspectiva, o salário emocional se apresenta como uma forma diferenciada de remunerar, que visa se adaptar às necessidades dos trabalhadores no contexto atual, que já não se satisfazem apenas com dinheiro.

Evidentemente, o salário financeiro, ou monetário, continua sendo um dos fatores motivacionais mais essenciais para o trabalho. Com exceção do voluntariado, ninguém deseja trabalhar de graça. Contudo, a previsibilidade do salário pode não se tornar muito incentivadora, uma vez que, independente do esforço do funcionário, o valor recebido no final do mês será o mesmo. Essa é uma das razões que fazem que, com o tempo, o salário comum deixe de ser uma recompensa atrativa. E sabemos que sem atratividade não há motivação.

Por conta disso, diversas empresas no mundo todo vêm buscando atender as necessidades de seus funcionários, oferecendo outros tipos de vantagens. Trata-se de medidas conciliatórias que proporcionam flexibilidade no plano do reconhecimento e da recompensa. Trata-se também de uma adequação das relações de trabalho em virtude das transformações do mercado. Outra vantagem desse novo modelo de recompensa é a possibilidade de ele se tornar uma ferramenta importante que possa ajudar na harmonização entre a vida pessoal e a vida profissional dos trabalhadores.

Podemos inferir que, no atual contexto, cada vez mais as pessoas estão deixando de se preocupar apenas com o dinheiro que irão receber, mas também com outras vantagens que as empresas podem oportunizar. Isso posto, o salário emocional pode ser compreendido como o conjunto de benefícios adicionais oferecidos aos trabalhadores de uma organização que agregam valor ao salário comum. Trata-se, obviamente, de uma definição genérica, mas que vai se moldando também por tudo o que já demonstrei em outros capítulos.

Com base no que foi exposto, podemos construir uma definição para o salário emocional da seguinte forma:

> **O salário emocional é um conjunto de ações emocionais gerenciadas pelos líderes e fornecidas pelas organizações, que visam proporcionar a sensação de bem-estar aos colaboradores de forma a torná-los mais motivados, compromissados e mais produtivos no trabalho. Diferentemente do salário comum, o salário emocional é imensurável.**

Essas ações devem estar atreladas com as expectativas das pessoas com relação ao trabalho e à vida de modo geral. Com relação a esse aspecto, podemos elencar fatores como segurança, reconhecimento e desenvolvimento. O salário emocional é compreendido por todos esses elementos não financeiros que o trabalhador percebe como recompensa e atende às suas necessidades. Em outras palavras, o salário emocional é tudo aquilo que a organização oferece a seus colaboradores que não vem registrado no contracheque, tendo em vista que, ao contrário do salário tradicional, o salário emocional não é quantificável.

É importante ressaltar também que esse tipo de salário varia conforme o ambiente de trabalho e os profissionais que atuam nele, uma vez que as necessidades dos indivíduos são particulares. É evidente que o salário emocional não deve ser algo generalizado, pois o que é necessário para mim pode não ter nenhum significado para o outro, e vice-versa. Ou seja, o salário emocional deve ser compatível com as necessidades de cada indivíduo. Algumas atitudes podem agradar a maioria das pessoas que trabalham numa empresa, mas, de modo geral, não podemos universalizar essas necessidades. A única constante é que o salário emocional se baseia em emoções e não em valores monetários.

É assim que podemos entender que, para além de uma questão econômica, essas ações emocionais demonstram efetivamente que a empresa se importa com seus empregados, e esses tendem a retribuir. Portanto, o salário emocional acaba sendo uma forma de política de retribuição que traz vantagens para ambos os lados. Uma prática que proporciona uma melhor relação entre empresa e empregados.

Na verdade, o salário emocional atende as necessidades dos empregados partindo de dois princípios: criatividade e flexibilidade. A criatividade se relaciona como o variado quadro de necessidades que os indivíduos possam apresentar e os recursos disponíveis para satisfazê-las. Nesse momento, entra em evidência a Inteligência Emocional do líder para identificar e oportunizar o tipo de salário emocional que compense satisfatoriamente seus colaboradores. Ademais, ele deve buscar formas diferenciadas de motivar. Usando, para isso, suas habilidades interpessoais e de empatia. Por sua vez, a flexibilidade se relaciona com a forma com que essas medidas serão aplicadas. Aqui entra novamente o papel do líder ou gestor, visto que ele é o maior responsável por essa aplicação.

Contudo, preciso ressaltar que a aplicação do salário emocional não parte somente do líder da empresa. Dentro de uma organização, o estabelecimento do salário emocional vai se relacionar com pelo menos três fatores[1]:

---

[1] Adaptado de: Family Responsible Employer Index, Efectos de la conciliación en el compromiso, la satisfacción y el salario emocional. 2012. Disponível em: <http://www.iese.edu/research/pdfs/ESTUDIO-174.pdf>. Acesso em: 29/07/2017.

- A política de recompensa da organização.
- O líder.
- A cultura organizacional.

A política de recompensa aplicada pela organização institui e também comunica quais práticas serão adotadas como forma de compensar os colaboradores. Ela especifica quais benefícios e vantagens a empresa pode efetivamente oferecer. Isso deve estar claro e bem estabelecido. O papel do líder ou gestor nesse processo é de suma importância. Ele é o responsável por identificar e gerenciar essas práticas e também por fornecer o apoio emocional necessário aos trabalhadores. O líder delega tarefas, motiva e resolve conflitos, mas também é responsável por direcionar as emoções individuais e coletivas. Podemos entender o líder como o elo entre as práticas estabelecidas e sua efetiva aplicação. Por fim, cabe ressaltar o papel da cultura organizacional nesse processo. Toda organização desenvolve uma cultura, reflexo das relações e processos que constituem a sua identidade. A cultura organizacional também influencia a forma como as pessoas atribuem valor às práticas de compensação e os benefícios ofertados. Ou seja, ela acaba determinando a forma como o salário emocional é aproveitado pelos colaboradores.

Levando em consideração que cada pessoa tem uma percepção e uma expectativa diferente com relação ao trabalho, não é difícil imaginar que os incentivos são também bastante subjetivos. Isso dificulta o discernimento das empresas sobre o que oferecer para seus colaboradores. Em razão disso, o primeiro passo é procurar conhecer as reais necessidades deles. Isso pode ser feito através de inquéritos, por exemplo, e também através do próprio diálogo. Essa recomendação é imprescindível, contudo, sabemos que ela se torna uma tarefa complexa em grandes empresas que possuem muitos funcionários. Atender as necessidades individuais, nesse caso, pode ser uma missão quase impossível, mas existem formas de

115

segmentar os inquéritos e buscar compreender as necessidades mais proeminentes nos diversos setores que compõem a organização.

Em outras palavras, cada funcionário tem seu fator motivador preponderante. Enquanto uma pessoa se motiva por recompensa financeira, outra adora ser elogiada em público. Enquanto uma pessoa adora seu aniversário e deseja comemorar na empresa com seus colegas de trabalho, outra, se pudesse, pulava a data. Enquanto uma pessoa adora ver sua foto exibida na parede da empresa indicando-a como funcionário(a) do mês, outra já morre de vergonha de tal exposição. Muitas vezes essa pessoa acaba não se doando o suficiente para um determinado trabalho por medo de ter sua foto estampada no mural da empresa. Em resumo, os colaboradores não podem ser entendidos friamente como uma massa homogênea. Pelo contrário, cada colaborador é uma pessoa e cada pessoa tem suas especificidades e necessidades. Então, como identificar e entender essas especificidades?

Para desvendar o perfil dos que atuam em suas empresas, os gestores podem instigar o diálogo, visando identificar as necessidades particulares de seus funcionários. Além disso, outras medidas podem ser adotadas:

- Identificar o grau de satisfação das pessoas com a política de recompensas atual da organização.
- Verificar se a política de recompensa implantada traz vantagens para os colaboradores e para a organização.
- Propiciar um bom sistema de comunicação interna e externa.
- Criar uma cultura organizacional flexível e justa.

Essas práticas devem ser canalizadas para propiciar a motivação e o bem-estar. A partir daí, é possível criar meios para melhorar o ambiente organizacional, fazendo com que os colaboradores se sintam valorizados e satisfeitos. Trata-se também de dar oportunidade de ouvir os funcionários, entender o que eles precisam e oferecer os incentivos adequados. Tudo isso de acordo com as possibilidades e recursos disponíveis na organização.

Ressalto também que não deve haver privilégios nem nem favoritismo dentro da empresa. Às vezes, percebemos que alguns colaboradores se destacam mais por serem comunicativos e expressivos. Por outro lado, há colaboradores que são mais tímidos e terminam não sendo muito valorizados, mesmo que apresentem um bom desempenho. Por conta disso, as oportunidades acabam não sendo concedidas igualmente aos dois. Muitas vezes, esse colaborador tem ideias, sugestões de fazer diferente, mas não tem a chance de se fazer ouvir. É preciso que os líderes compreendam que os colaboradores são diferentes entre si e possuem habilidades diferentes. Desse modo, deve-se buscar conhecer os pontos fortes de cada um para que as oportunidades sejam justas para todos. É preciso estimular o pensamento criativo.

Essas técnicas tornam-se relevantes, uma vez que o salário emocional também traz vantagens para as empresas. Sobre esse aspecto já foi apontado que a felicidade e o bem-estar dos colaboradores são entendidos como fatores que influenciam positivamente a produtividade e o bom desempenho das organizações. São instrumentos que incentivam os colaboradores a trabalhar mais e com mais qualidade. Vamos agora observar mais de perto a importância do salário emocional e as conveniências que ele propicia.

Salário emocional: vantagens para os colaboradores

É sabido que o cenário atual é de crise em diversos setores. Em virtude disso, existe uma tendência de humanização nas relações de trabalho. Essa humanização reflete uma adaptação das empresas às transformações dos mercados e basicamente objetiva buscar novas formas de manter a competitividade. E, de preferência, essas novas formas devem se apresentar como menos dispendiosas.

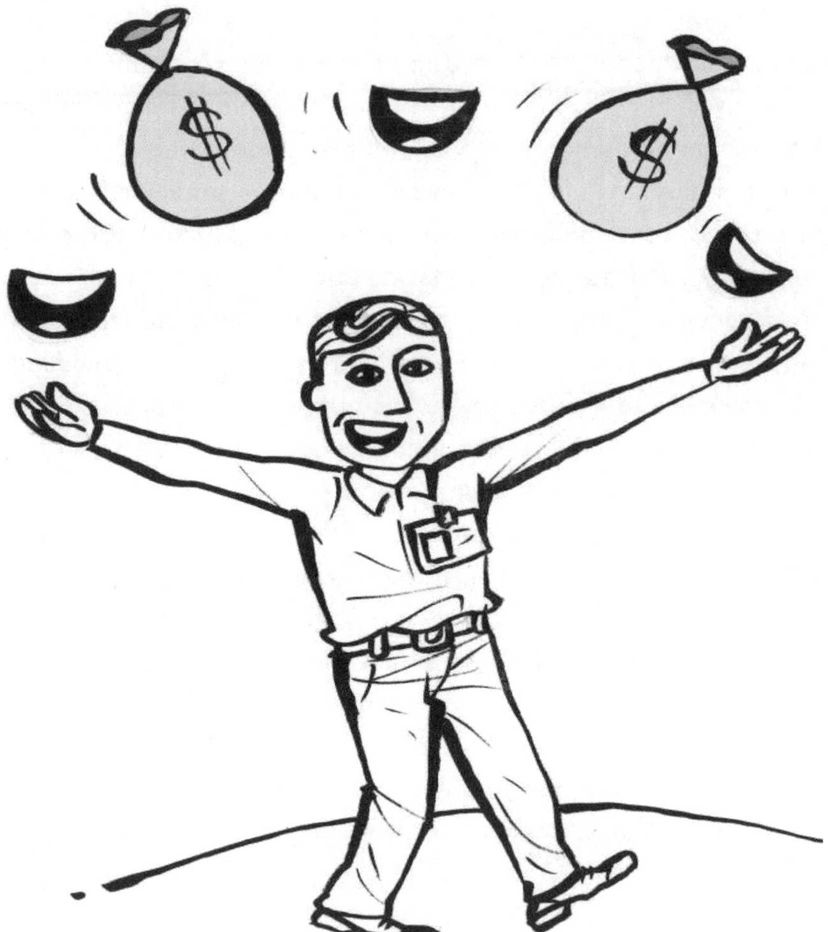

Em contexto econômico desfavorável como o que vivenciamos agora, o salário emocional acaba se tornando uma valiosa ferramenta para as empresas. Por isso, a tendência atual é adotar novas políticas de retribuição com o objetivo de cobrir as necessidades tanto profissionais quanto pessoais dos trabalhadores. É uma atitude que visa, entre outras coisas, tornar os colaboradores mais alinhados com os objetivos da empresa para maximizar o desempenho.

Essas novas políticas de retribuição ou de recompensas, baseadas na perspectiva do salário emocional, nada mais são do que o conjunto de incentivos aprovados e comunicados pela empresa, que proporcionam facilidades aos colaboradores. Atualmente, elas focam em oferecer apoio profissional, familiar e outros serviços diversos, contribuindo para o bem-estar no trabalho[2]. Uma das principais vantagens que o salário emocional oferece para os colaboradores é o aumento do grau de satisfação desses com o trabalho e com a vida pessoal. Cabe lembrar que essas práticas não são exigências da legislação trabalhista, elas partem da própria vontade da empresa em se adaptar à nova realidade de mercado.

Algumas empresas proporcionam uma maior flexibilidade nos horários de trabalho. Esse é um fator importante para aquelas pessoas que, por exemplo, conciliam o trabalho com os estudos e também para aquelas que querem ou precisam passar mais tempo com os seus familiares. Com a flexibilização do tempo de trabalho, os colaboradores podem escolher o melhor turno para realizar suas atividades, harmonizando sua vida pessoal e profissional.

---

[2] O bem-estar no trabalho pode ser definido como a "prevalência de emoções positivas no trabalho e a percepção do indivíduo de que, no seu trabalho, expressa e desenvolve seus potenciais/habilidades e avança no alcance de suas metas de vida" (PASCHOAL; TAMAYO, 2008, p. 16). Nessa premissa, o bem-estar no trabalho inclui tanto aspectos afetivos (emoções e humores) quanto cognitivos (percepção de expressividade e realização).

Outras empresas buscam o desenvolvimento profissional de seus colaboradores, oferecendo cursos de qualificação, workshops, palestras e treinamentos. Outras focam no aspecto emocional, com práticas de reconhecimento e de elogios. Algumas apostam na melhoria da qualidade de vida e trabalho de seus colaboradores, oferecendo apoio familiar, implantando creches, entres outras atitudes. Oferecer desafios, apostar e ter confiança nos colaboradores também são medidas aditadas. Há ainda aquelas que disponibilizam prêmios, espaços dedicados ao lazer e festividades, como por exemplo, o já popular *happy hour*. Enfim, há uma gama de possibilidades.

Esse conjunto de práticas que denominamos de salário emocional traz diversas vantagens para os colaboradores. Entre elas, podemos citar:

- Possibilidade de crescimento profissional.
- Flexibilização no uso do tempo.
- Conciliação entre vida pessoal e profissional.
- Melhor qualidade de vida e de trabalho.
- Reconhecimento e valorização.
- Orgulho e autoestima.
- Liberdade de expressão e comunicação.
- Bom ambiente de trabalho.
- Satisfação.

De qualquer forma, o salário emocional é um fator chave para a satisfação dos empregados. Para tanto, é necessário verificar se as necessidades dos colaboradores podem ser atendidas, se há recursos para satisfazê-las e se elas podem trazer vantagens para ambos os lados. Somente assim ele pode proporcionar o equilíbrio entre os objetivos da empresa e o bem-estar dos funcionários. Além disso, é preciso que todas as possibilidades e vantagens sejam oferecidas a todos, sem distinção.

Salário emocional: vantagens para as organizações

Cada vez mais o bem-estar e a felicidade dos colaboradores são entendidos como um fator de impacto para o bom desempenho das organizações. Diversos estudos apontam uma correlação positiva entre funcionários felizes e produtividade. Por conta disso, podemos perceber uma crescente preocupação por parte das empresas, especialmente as que buscam destaque no mercado, em oferecer aos seus funcionários políticas de recompensas ou benefícios diversos.

Em geral, esses benefícios são regulados pelos líderes ou gestores com o objetivo de proporcionar aos funcionários uma melhor qualidade de vida e de trabalho. Em contrapartida, espera-se que os funcionários apresentem maior motivação na realização de suas tarefas, gerando produtividade. Trata-se de uma via de mão dupla, uma vez que se beneficiam ambos os lados.

Com relação às vantagens que o salário emocional pode proporcionar para as empresas, podemos elencar os seguintes fatores:
- Atração e retenção de talentos.
- Aumento do compromisso organizacional.
- Aumento da motivação.
- Aumento da produtividade.
- Aumento da qualidade de trabalho.
- Redução do absenteísmo.
- Redução da rotatividade.
- Redução do estresse no trabalho.

Podemos perceber que salário emocional passou a ser entendido como uma espécie de vantagem competitiva para as empresas. Isso se levarmos em consideração que a busca de resultados e lucros sempre foram um dos grandes motores do funcionamento das organizações, e a produtividade dos colaboradores é de fundamental importância para que esses resultados sejam alcançados. Esses componentes possuem reflexos também no absenteísmo.

121

Colaboradores satisfeitos faltam menos no trabalho e apresentam um melhor desempenho.

Salário emocional: considerações

Sabemos que, de modo geral, os colaboradores são de fundamental importância para o bom desempenho das organizações. São eles que fazem com que as empresas alcancem os resultados e batam as metas estabelecidas. Segundo Baker, Greenberg e Hemingway (2006), pessoas que se identificam e se sentem felizes no ambiente de trabalho acabam se tornando funcionários que apresentam uma atitude otimista e se sentem motivados para trabalhar todos os dias. Isso ocorre, muitas vezes, porque a organização é apreciada e respeitada por eles. A organização acaba se tornando responsável para uma melhor qualidade de vida dos próprios funcionários. Por outro lado, os profissionais que não se identificam com o ambiente organizacional acabam apresentando queda no desempenho, passando a atuar com um sentimento de indiferença em relação à empresa. Para Pereira et al (2012 apud ZANELLA, 2016, p. 59), "essa indiferença apresentada, além de provocar a baixa produtividade e o absenteísmo, reflete no atendimento aos clientes, que, insatisfeitos, optarão pelo concorrente". Ou seja, a felicidade do colaborador tem impacto direto no desempenho das organizações.

A pesquisa efetuada em minha dissertação de mestrado também indicou isso. Para termos uma ideia, a partir dela foi possível analisar a relação entre a variável independente da Felicidade no trabalho e a variável dependente da Produtividade. Os dados revelaram existir uma correlação entre as variáveis positiva e forte. Esse resultado foi possível através de testes estatísticos apropriados, como o coeficiente de correlação Pearson. Esse é um índice adimensional com valores situados entre -1 e 1, que reflete a intensidade de uma relação entre dois conjuntos de dados, no caso, a Felicidade no Trabalho e a Produtividade. O coeficiente de Pearson obtido a partir do cálculo foi de 0,805. Ou seja, um valor positivo e forte porque está próximo de 1. Desse modo, o resultado comprova que, à medida que a felicidade no trabalho aumenta, a produtividade também tende a aumentar[3].

Assim, felicidade no trabalho e produtividade são pontos diretamente proporcionais nas relações que se estabelecem dentro de uma organização empresarial. O caminho para que essa conexão se torne concreta nas empresas é entender o papel do fator emocional nesse processo. Todos nós somos dotados de emoções, de sentimentos, de alegrias e de tristezas, porque somos pessoas, somos seres humanos. E as organizações são formadas por pessoas. São as pessoas que vendem a imagem sobre a empresa. Por isso, os gestores e o próprio ambiente de trabalho deve propiciar a valorização do ser humano. Devem fazer com que o colaborador se sinta acolhido, amado, respeitado e ouvido. Quando essas condições são favoráveis, fica evidente que o resultado do trabalho melhora.

Com base nisso, o salário emocional pode ser entendido como todos esses benefícios ou incentivos não monetários, ou seja, que não podem ser contabilizados financeiramente, que uma organização oferece aos seus funcionários e que os motiva a desempenhar bem a sua função e a querer permanecer na empresa. O salário emocional é um adicional. É, sobretudo, a preocupação

---

[3] As análises de fiabilidade, de correlação e de regressão realizadas para as escalas que medem as variáveis deste estudo foram efetuadas utilizando o programa BM SPSS Statistics Base 22.0 (Statistical Package for the Social Sciences) para Windows 10. Este *software* auxilia o investigador na análise estatística dos dados recolhidos. O mesmo possui uma vasta variedade de técnicas e modelos estatísticos para a interpretação dos dados.

com o "eu" do colaborador através da valorização pessoal. É quando a empresa entende as necessidades de seus funcionários, ressaltando suas qualidades, tratando-lhes com dignidade, com respeito e com humanidade. Entre outras vantagens, o salário emocional faz com que os colaboradores se sintam reconhecidos e valorizados em seu trabalho.

Agora que entendemos o que é salário emocional e que vantagens ele traz para os colaboradores e para as empresas, eu gostaria de apontar os principais fatores que compõem esse tipo de salário. Tema que será mais bem abordado no próximo capítulo.

> SOMOS DONOS DA FELICIDADE – A QUESTÃO NÃO É TER E SIM SER FELIZ. SAIBA FAZER SUAS ESCOLHAS.

CAPÍTULO 6

Composição do Salário Emocional

Como vimos anteriormente, o salário emocional é um conjunto de ações emocionais gerenciadas pelos líderes e fornecidas pelas organizações que visam proporcionar a sensação de bem-estar aos colaboradores de forma a torná-los mais motivados, compromissados e mais produtivos no trabalho. Diferentemente do salário comum, o salário emocional é imensurável, uma vez que ele não é baseado em fatores de ordem financeira, mas em atitudes afetivas.

No decorrer desse processo, vimos também que o salário emocional é subjetivo e varia de acordo com as necessidades de cada colaborador e com o ambiente organizacional em que ele está inserido. Apesar disso, conseguimos identificar alguns dos principais fatores que podem ser empregados na composição do salário emocional. Isso foi possível através de um questionário aplicado durante a investigação da minha dissertação de mestrado sobre a felicidade no trabalho. Desse modo, este capítulo tem como objetivo apresentar alguns dos resultados obtidos por meio da pesquisa, apontando, especialmente, quais foram os elementos mais citados pelos colaboradores na hora de compor o salário emocional.

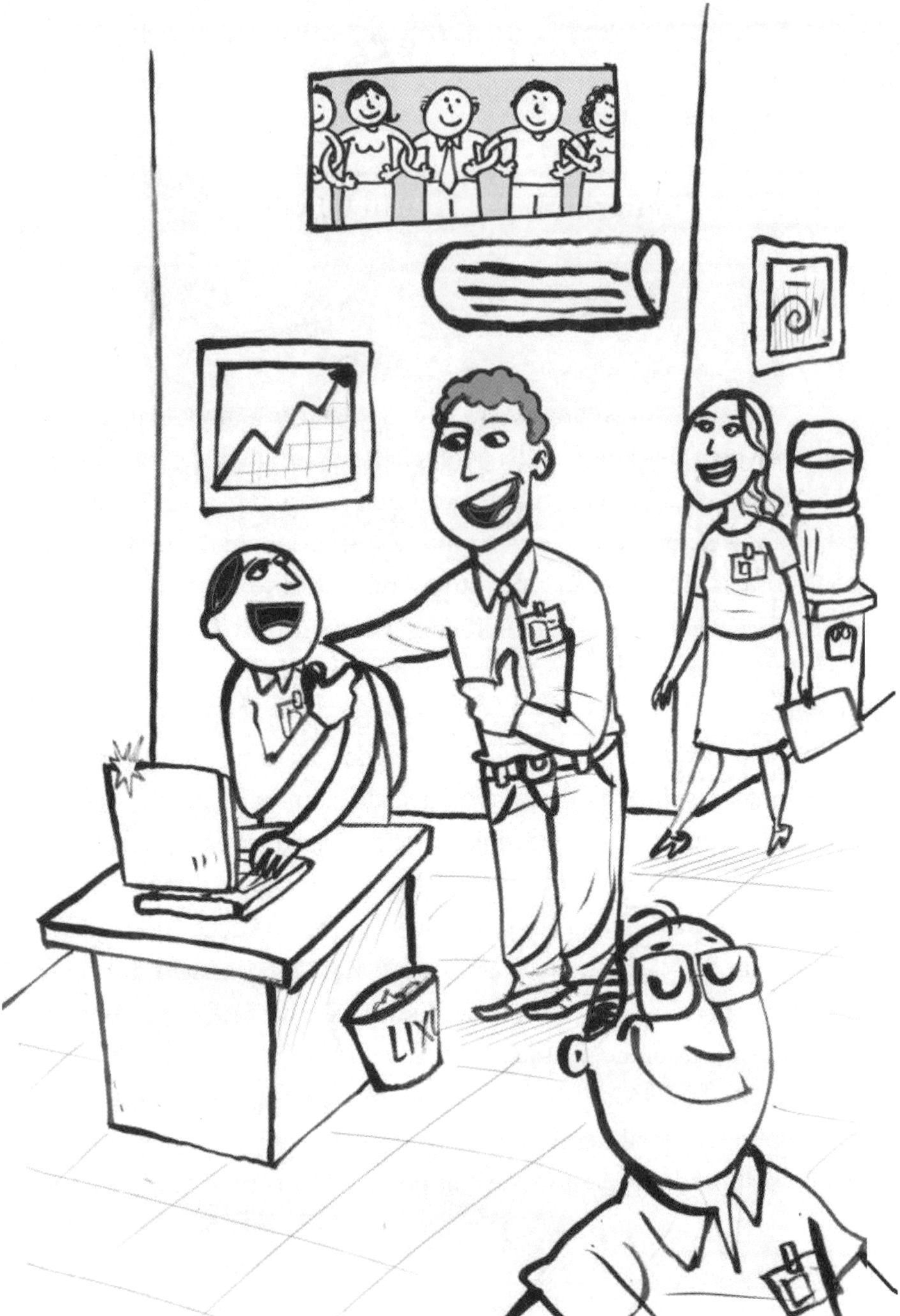
LIXO

Salário emocional: composição

De acordo com Barceló e Leal (2017), o salário emocional pode atuar como "fator motivador" dos colaboradores e melhorar a percepção que os trabalhadores têm da empresa. Portanto, ele não está relacionado com receber uma maior quantidade de dinheiro, mas receber benefícios que o trabalhador entende como mais valioso do que um aumento de salário. Uma das principais dificuldades das empresas no contexto atual é identificar o que motiva seus colaboradores a trabalhar mais e com mais qualidade. Diante disso, cada vez mais as organizações buscam conhecer as necessidades de seus empregados.

Em 2016, apliquei um questionário com aproximadamente 80 questões que versavam sobre a felicidade no trabalho, em diversas empresas de Teresina, capital do Estado do Piauí. O objetivo era identificar se os colaboradores dessas empresas eram felizes no trabalho e também se o nível de felicidade deles influenciava na produtividade. Foram investigados fatores como felicidade na organização, felicidade na função e felicidade na vida pessoal. A pesquisa partiu das minhas inquietações sobre o impacto dos aspectos emocionais no ambiente de trabalho. Ela revelou vários dados importantes para compreendermos a relação entre as empresas e os colaboradores. Entre eles, se destacou o salário emocional.

Um dos itens do questionário indagou aos colaboradores se existia alguma outra razão pela qual eles se sentiam felizes na organização em que atuavam. Mais especificadamente, o que os motivava a trabalhar e a permanecer na organização. Os inquiridos podiam informar quantos fatores houvesse. As respostas mais proeminentes foram as seguintes:

Fatores que mais influenciam a composição do salário emocional	(%)
O bom relacionamento entre os colegas de trabalho	60%
O bom ambiente de trabalho	32%
A remuneração	15%
A oportunidade de desenvolvimento pessoal/profissional	3%

Fonte: dados da pesquisa

Como é possível observar, a pesquisa mostrou que as pessoas se sentem felizes na organização em que trabalham por diversos motivos, sobretudo, pelo bom relacionamento que existe entre os colegas de trabalho, o bom ambiente de trabalho, a remuneração e a oportunidade de desenvolvimento pessoal e profissional que a organização oferece. Esses foram os fatores mais citados.

Vamos agora observar mais de perto o impacto que esses componentes exercem no ambiente de trabalho.

O bom relacionamento entre os colegas de trabalho

O bom relacionamento entre os colegas foi citado por 60% dos colaboradores como o fator que mais os motiva no trabalho. Esses relacionamentos podem ser entendidos tanto como aqueles que se estabelecem entre colaboradores e colaboradores como entre colaboradores e líderes/gestores.

Com relação a esse aspecto, os inquiridos que citaram o bom relacionamento com os colegas apontaram o clima amigável no trabalho e os momentos de lazer com os outros colaboradores. Foram citadas até mesmo as festividades que as empresas promovem. Para eles, esses momentos instigam o desenvolvimento de relacionamentos saudáveis.

Uma das coisas que mais ouvi dentro das empresas foi sobre o nível de relacionamento entre os colaboradores. Coisas simples, como um "bom dia!" Hoje as pessoas passam mais tempo com seus smartphones do que com seus amigos. Obviamente, elas estão interagindo nas redes sociais, em virtude disso, as relações estão cada vez mais sendo engessadas pelas falta de contato humano.

Uma pessoa que respondeu ao questionário afirmou que uma das coisas que mais a magoavam no trabalho era o fato de que sua "chefa" passava por ela sem cumprimentá-la. Esse tipo de atitude faz com que o colaborador se sinta insignificante dentro da empresa. Esse sentimento muito provavelmente vai gerar insatisfação e baixa produtividade. Por isso, o local de trabalho deve ser um ambiente fraterno e de valorização de relacionamentos saudáveis, um local onde o colaborador possa se sentir amado, respeitado, reconhecido e ouvido. Que ele se perceba como parte fundamental daquele espaço.

A convivência salutar entre todos os colaboradores também propicia um bom andamento das tarefas. Como as pessoas passam boa parte do seu tempo no local de trabalho, consequentemente, o trabalho deve se tornar uma importante fonte de bem-estar. Para tanto, é primordial que os indivíduos possam encontrar realização durante o tempo em que passam nesse local, porque, quando trabalhamos num ambiente com pessoas desagradáveis, acabamos adoecendo emocionalmente.

Aqui entra, mais uma vez, a questão da Inteligência Emocional, especialmente a habilidade de saber desenvolver relacionamentos interpessoais, o controle emocional e a empatia. Autocontrole emocional para não deixar que emoções reflexas de problemas pessoais afetem seu trabalho. Empatia para entender que as pessoas não são perfeitas e que precisamos saber lidar com a diferença. E colocar-se no lugar do outro é um excelente exercício para compreender as necessidades alheias.

Por isso, uma organização não deve permitir em seu ambiente de trabalho comportamentos agressivos, intimidativos ou ofensivos.

Esse tipo de comportamento pode constranger os colaboradores. O ideal é que eles possam trabalhar com pessoas agradáveis e respeitosas, num recinto em que haja um bom envolvimento entre todos. Uma organização com essas características é um ambiente onde é fomentado o trabalho em equipe e onde existe um compromisso de todos com a visão e a missão dela.

Para incentivar o bom relacionamento entre os colaboradores, as empresas podem organizar eventos como palestras, workshops e happy-hours. Esses eventos aumentam a interação entre as pessoas e estreitam os vínculos afetivos. Essas emoções são positivas e proporcionam bem-estar.

Entre outros fatores, o bem-estar dos colaboradores depende de como ele se sente em relação aos seus superiores e à sua função. Chandrika (1998 apud Maio, 2016) observa que muitas pessoas tendem a escolher uma profissão por conta do salário e só mais tarde percebem que ela não é adequada para a sua personalidade. Contudo, se uma pessoa está infeliz no seu trabalho, deve ter tempo para avaliar as razões, o que não significa necessariamente mudar de profissão, mas sim começar a corrigir o que está errado.

Ressalto que o bom relacionamento no local de trabalho pode e deve ser instigado pelos líderes e gestores das empresas. Isso porque o ambiente de trabalho ideal é aquele onde possamos ter um líder com atributos de líder. Que lidere pelo exemplo e pelo respeito ao próximo. Que tenha planejamento e cronograma de atividade. Que respeite e entenda os limites de seus liderados. Além de tudo, o líder precisa saber criar um ambiente no qual o trabalhador possa se sentir confortável e motivado.

Vimos anteriormente que existem diversos tipos de líderes, e cada um deles impacta diretamente nas relações que se estabelecem no ambiente de trabalho. O líder pode ser, por exemplo, autocrático. Esse tipo de líder tende a ser autoritário e toma as decisões sem consultar os seus subordinados. Ele cobra mais dos funcionários e impõe um ritmo de trabalho com mais vigor. Contudo, é sabido que os líderes autoritários que pressionam a equipe podem acabar adoecendo seus colaboradores. Esse adoecimento pode ser emocional ou físico. Alguns colaboradores acabam não percebendo que o seu adoecimento tem a ver com o trabalho ou com as condições de trabalho. E acabam sendo infelizes sem saber o motivo.

Por outro lado, há o líder democrático, que faz junto e é parte da equipe; e o líder liberal, que deixa tudo na mão da equipe, mas precisa ter cuidado para que os colaboradores não fiquem sem supervisão e não executem o trabalho ou cometam erros na hora de executar as tarefas. Qualquer que seja o perfil ou estilo de liderança adotado, é notório que o líder precisa conhecer seus liderados. Isso pode ser feito através da análise de perfil, buscando identificar o que os motiva além da remuneração financeira. Sempre proporcionando o diálogo.

Outro fator que influencia substancialmente o relacionamento dentro das organizações é a comunicação, ou a falta dela, que vem se tornando um dos maiores problemas enfrentados pelas empresas. Muitas vezes, os colaboradores não conseguem entender o que o líder ou o gestor está transmitindo. Isso impacta negativamente os resultados e ocorre porque, sem uma comunicação ágil e eficiente, os colaboradores não podem executar as atividades corretamente. Assim, eles vão repetir os processos e refazer as tarefas. E isso toma tempo. E tempo é dinheiro.

A comunicação precisa funcionar. Os colaboradores reclamam que as empresas não deixam claros seus objetivos e suas metas. Essa falta de transparência dificulta a comunicação. O ideal seria que as informações sobre todas as decisões do negócio ou da empresa fossem repassadas aos colaboradores.

Além disso, para um bom relacionamento dentro da empresa, o pensamento criativo deve ser incentivado e valorizado. Mais do que isso, ele precisa ser apropriado em forma de ações. Isso faz com que o colaborador se sinta importante e verdadeiramente parte da empresa, contribuindo para o sucesso dela. Para que a gestão de pessoas seja salutar, o objetivo organizacional tem de caminhar lado a lado com o objetivo pessoal, para que, juntos, eles obtenham bons resultados.

Bom ambiente de trabalho

O bom ambiente de trabalho foi citado por 22% dos inquiridos como um dos fatores que mais influenciam sua felicidade no trabalho. Esse ambiente deve ser fraterno e feliz para gerar satisfação entre os colaboradores.

Herzberg (1997) é um teórico muito conhecido no campo dos estudos organizacionais. Ele buscou identificar os fatores responsáveis pela satisfação e pela insatisfação no ambiente de trabalho. Seus estudos apontaram dois fatores que impactam diretamente os funcionários no trabalho: os fatores higiênicos e os fatores motivacionais.

Fatores higiênicos:
- Condições físicas do ambiente de trabalho.
- Salário.
- Incentivos salariais.
- Política da empresa.

Fatores motivacionais:
- Oportunidade de crescimento.
- Reconhecimento.
- Realização.
- Satisfação.

Os fatores higiênicos podem ser entendidos como aqueles essenciais para a realização do trabalho, como ambiente de trabalho limpo, salário, remuneração, tíquetes e outros benefícios financeiros e estruturais. A ausência desses fatores desmotiva, mas a presença deles não pode ser entendida como um elemento motivador. Os fatores motivacionais, por outro lado, são fatores ligados com a satisfação do funcionário. A presença desses fatores faz com que os colaboradores se sintam motivados, enquanto a ausência não produz satisfação.

Em resumo, para que os colaboradores sejam motivados de forma eficiente, é necessário que estejam presentes no ambiente de trabalho tanto fatores higiênicos quanto fatores motivacionais. Cabe aos gestores proporcionar isso aos seus funcionários.

Os gestores e o ambiente de trabalho devem propiciar a valorização do ser humano. A organização deve ser um ambiente que promove a colaboração, a cooperação e a responsabilidade dos funcionários. O ambiente deve ser salutar, deve fazer com que o colaborador se sinta acolhido, amado, respeitado e ouvido. Quando essas condições são favoráveis, o resultado do trabalho melhora. A produtividade também aumenta.

De acordo com Siqueira e Gomide (2004 apud Oliveira 2013), algumas práticas importantes estão relacionadas ao envolvimento no trabalho por parte das pessoas, como a chefia delegar funções, tratar com respeito o trabalhador, comunicar-se de forma clara com subordinados, dar oportunidades de participação nas tomadas de decisão e exercer supervisão adequada.

Remuneração

A remuneração só vai aparecer na pesquisa no terceiro lugar (15%), atrás do "bom relacionamento entre os colegas de trabalho" e do "bom ambiente de trabalho". Esses dados indicam que os funcionários atribuem peso ao salário e à remuneração, mas também ao bom convívio entre os funcionários e ao bom ambiente de trabalho na hora de valorar a empresa em que atuam.

Com relação à remuneração, vimos que ela é a soma de tudo quanto o empregado aufere como consequência do trabalho que realiza em uma organização, um dos principais fatores de motivação no trabalho, uma vez que as pessoas esperam alguma compensação pelos serviços prestados.

Cada empresa leva em consideração suas próprias características e as de seus funcionários na busca de desenvolver um sistema de remuneração adequado a sua realidade. De modo geral, espera-se que a remuneração seja justa para todos os funcionários. Além disso, sistema de remuneração de sucesso deve ser aquele que atende tanto os interesses dos funcionários quanto os da empresa empregadora. Na pesquisa efetuada, as pessoas apontaram a remuneração total, ou seja, aquela que engloba tanto o salário como os incentivos.

Oportunidade de desenvolvimento pessoal/profissional

Por fim, foi citada pelos colaboradores a oportunidade de desenvolvimento pessoal/profissional dentro da empresa (3%) como um fator motivador. Coutinho (2014) já havia constatado que o sentimento de envolvimento e desafio no trabalho, a oportunidade para progredir e o sentimento de maior responsabilidade são fatores motivacionais de grande importância. Ao se conseguir isso, cresce a motivação, e os objetivos e as metas específicas são alcançadas. Essa premissa também foi evidenciada na pesquisa que realizei.

Os entrevistados atribuem a possiblidade de desenvolvimento profissional e qualificação como uma vantagem das organizações. Alguns dos entrevistados trabalham em faculdades da cidade e, entre os benefícios citados por eles, podemos mencionar o desconto para funcionários que ingressarem em cursos oferecidos pela instituição e as premiações por desempenho. É importante frisar que essas possibilidades de desenvolvimento e crescimento devem ser oferecidas a todos, sem distinção entre os colaboradores.

Os treinamentos não precisam necessariamente ser direcionados à função que cada um exerce dentro da empresa. Podem ser oferecidos outros tipos de cursos e workshops que atendam melhor as necessidades dos colaboradores.

Muitas vezes, quando vou realizar um treinamento ou uma consultoria em alguma empresa, o responsável diz que quer um treinamento "só para os meus vendedores!" Essa compreensão sobre "vendedor" é um tanto limitada, visto que, dentro da empresa, todo mundo é um vendedor. Do segurança que fica na portaria ao colaborador que entrega a mercadoria. Eles vendem a imagem da empresa. Então, todos, indistintamente, deveriam ter a oportunidade de participar de treinamentos, palestras, oficinas, etc. Esses momentos, além de oferecerem qualificação profissional, são também de convivência e sociabilidades. É uma oportunidade dos colaboradores se conhecerem mais e estreitar laços. Com isso a equipe pode aprender a desenvolver um trabalho de maior cooperatividade. E para que o trabalho seja também mais proveitoso.

Recentemente, trabalhei com a temática do colaborador empreendedor. O objetivo era demonstrar que o colaborador precisa ter atitude, que ele precisa ter iniciativa, precisar buscar oportunidades e ser persistente. Que ele não espere que as ações venham só de cima para baixo. Que ele entenda que ele é parte daquela empresa. Que ele tem de se envolver nos resultados da empresa. Esse tipo de trabalho é feito através de dinâmicas para que a atividade seja, além de um treinamento, um momento de descontração. Momentos como esse trazem um "gás" novo e a empresa caminha muito melhor.

Com base no que foi exposto, é possível perceber que os colaboradores pesquisados fizeram diferença entre o valor financeiro e o valor emocional. E o valor emocional teve, muitas vezes, peso igual ou maior que o financeiro. Cabe lembrar que esta pesquisa foi realizada em Teresina. Logo, ela corrobora a percepção dos colaboradores que trabalham na capital. Essas necessidades podem muito bem não ser as mesmas dos colaboradores de outras cidades.

Cada colaborador possui necessidades específicas que correspondem aos seus objetivos pessoais e profissionais. Essas necessidades também são influenciadas pelo contexto organizacional em que ele se encontra. Nada mais justo pensar que esses dados refletem uma realidade local. Contudo, eles fornecem informações importantes para que possamos repensar as relações de trabalho e políticas de compensação. Como enfatizei durante todo esse percurso, o essencial é que as empresas conheçam melhor seus colaboradores e busquem atender suas necessidades com criatividade, flexibilidade e de acordo com os recursos disponíveis.

APÓS UMA CURVA, SEMPRE VEM A CONTINUIDADE DO CAMINHO!

CAPÍTULO 7

Salário emocional: como mensurar?

Como foi possível observar, as vantagens que o salário emocional proporciona para as empresas são diversas. Nesse contexto, posso citar fatores como o aumento da motivação e da produtividade e também a atração e a fidelização de talentos. Por outro lado, o salário emocional promove uma melhor qualidade de vida e de trabalho para os colaboradores. A grande questão é que a maioria das empresas ainda não sabe como pôr em prática o salário emocional. Por essa razão, apresento, neste capítulo, um modelo para sua aplicabilidade.

Aplicabilidade

Esta pesquisa sobre o salário emocional partiu de uma investigação sobre a felicidade no trabalho. Com relação a esse aspecto, a felicidade no trabalho, geralmente, vem sendo compreendida como um conceito complexo que engloba diferentes fatores como a felicidade na função e a felicidade na organização. Existem diversas formas de propiciar essa felicidade aos colaboradores e uma delas é através do salário emocional. Para que uma pessoa seja considerada feliz no trabalho, ela deve estar feliz tanto na empresa quanto na função que ela desempenha. Quando uma pessoa não está feliz com a organização ou com a função, esse sentimento pode gerar insatisfação.

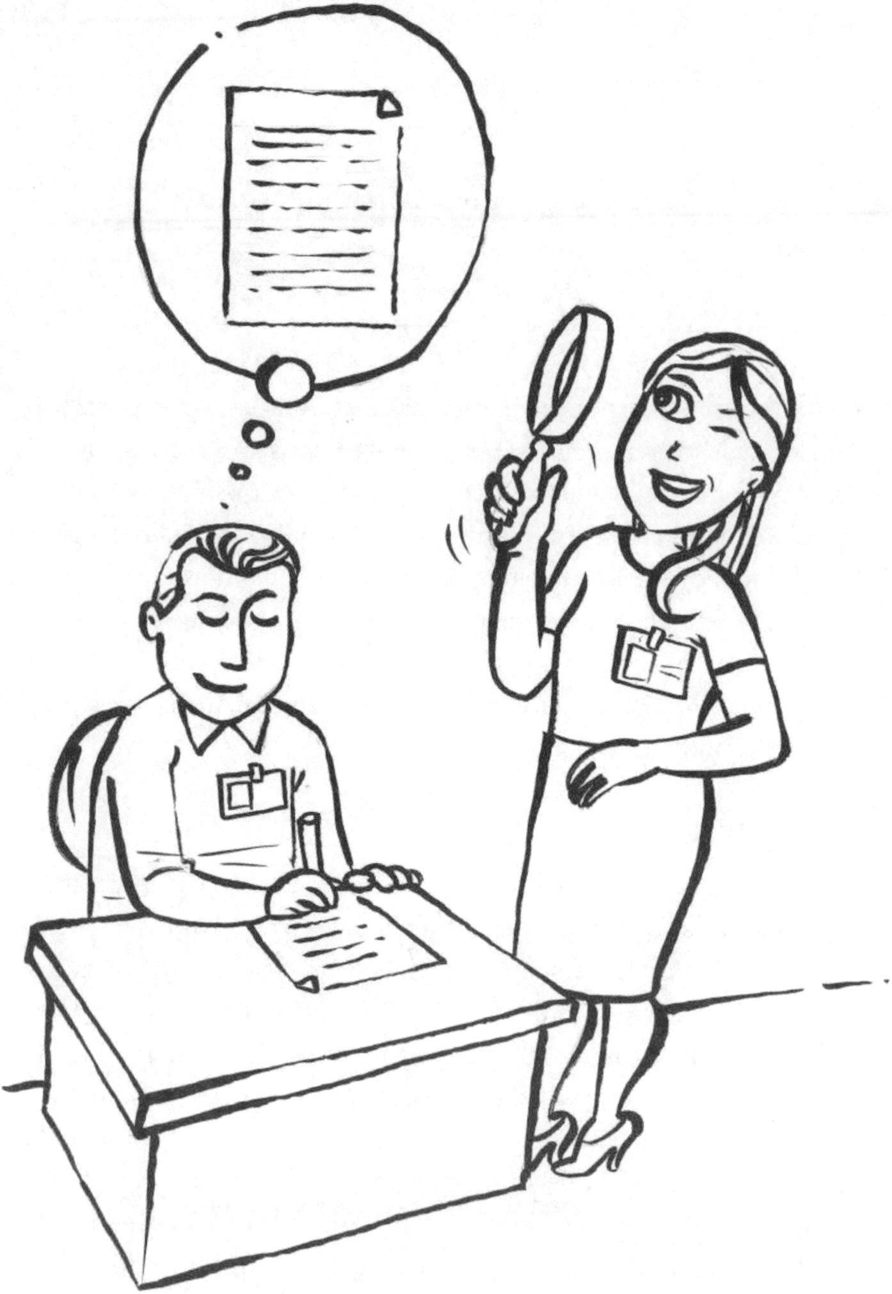

salário emocional

Dois dos grandes problemas enfrentados pelas empresas hoje são a rotatividade e o absenteísmo. A rotatividade traz impactos negativos na medida em que a empresa despende tempo e dinheiro com processos, como o de recrutamento e o de treinamento de novos colaboradores. Por sua vez, o absenteísmo proporciona queda na produtividade. Esses fatores se relacionam com o uso inadequado do salário emocional e de outras políticas de recompensa. Isso porque, muitas vezes, os profissionais se sentem desvalorizados dentro das empresas em que atuam e tendem a faltar no trabalho ou partem em busca de outras que ofereçam benefícios mais vantajosos.

Com relação à aplicabilidade, as empresas podem e devem trabalhar o salário emocional de acordo com a sua realidade. Aqui se inserem fatores como estrutura, porte, número de funcionários, capital, segmentação, etc. Podemos entender que a aplicabilidade dependente fundamentalmente da organização e da disposição da própria empresa. Ou seja, não existe uma fórmula mágica. Não há um modelo que todas devam adotar e esperar que funcione com pleno sucesso. Apesar disso, é perfeitamente possível indicar algumas iniciativas que podem ser colocadas em prática ou exemplos que já deram certo.

Se você não sabe por onde começar, o primeiro passo é buscar uma boa consultoria. A consultoria oportuniza diversas vantagens ao propiciar um olhar externo sobre a empresa. Ela diagnostica os problemas e as dificuldades e apresenta soluções. Isso é realizado com agilidade, imparcialidade e, acima de tudo, com foco nos resultados. Além disso, é uma ferramenta muito indicada quando há a necessidade de realizar mudanças significativas dentro da estrutura da empresa.

Hoje em dia existe uma variada gama de profissionais e de agências que são extremamente qualificadas e que prestam consultoria empresarial por um preço justo. Esses profissionais

139

apresentam os direcionamentos do mercado contemporâneo e os modelos de gestão que são tendência no mundo. Através do exame cuidadoso efetuado, criam planos de ação adequados para cada tipo de empresa. E o melhor de tudo é que o valor investido nesse processo poderá ser reembolsado posteriormente com o aumento da produtividade e, consequentemente, dos lucros da sua empresa.

Destaco também que o sucesso de uma empresa não depende exclusivamente de apenas um setor ou do olhar dos proprietários, mas de como essas atividades são coordenadas no todo empresarial, interdependente e dinâmico. Para a instituição poder passar uma imagem para o público, ela precisa inicialmente crer nessa imagem. Daí então surge a necessidade de todos os departamentos da empresa absorverem a proposta da consultoria.

A consultoria que eu ofereço, por exemplo, proporciona o diagnóstico e constrói uma explanação do plano de ação a ser efetivado, partindo da análise das ameaças e oportunidades que o mercado oferece. Ela explora os pontos fortes e faz uma leitura crítica dos pontos fracos. Por isso, não tente tatear no escuro e não busque implantar estratégias sem o conhecimento prévio do assunto. Isso pode despender tempo e dinheiro e ainda não propiciar satisfação aos seus colaboradores.

Nesse processo, é imprescindível ainda a realização de um mapeamento das variáveis que mais motivam os colaboradores. Essa parte é de fundamental importância, uma vez que é responsável pela identificação dos fatores que vão compor o salário emocional. Isso pode ser feito de várias formas, variando de empresa para empresa. Uma empresa de pequeno porte, por exemplo, pode se utilizar do diálogo com os funcionários, tendo em vista que são poucos. Por outro lado, as grandes corporações têm de criar estratégias voltadas para cada segmentação.

Uma ferramenta bastante utilizada são os inquéritos. Nesse tipo de atuação, são fornecidos aos colaboradores pequenos questionários, visando ter uma melhor compreensão da percepção que eles têm sobre a empresa. Esses inquéritos podem ser utilizados como quantificadores da felicidade no trabalho e, por isso, apresentam elementos que mensuram também o salário emocional. Mesmo sabendo que essa investigação deve ser aplicada de acordo com a realidade da empresa em questão, vou apresentar a estrutura básica de um modelo que pode ser empregada em diferentes contextos.

- Um modelo

O modelo proposto foi desenvolvido ao longo dos anos em que prestei consultoria empresarial e foi aperfeiçoado quando realizei minha pesquisa de mestrado. Durante essa investigação, busquei estudar a felicidade no trabalho e acabei encontrando elementos que formam a base do salário emocional. A princípio, essa metodologia engloba três procedimentos: diagnóstico, aplicação e avaliação dos resultados. Três passos simples que podem trazer diversos benefícios para sua empresa.

1 Diagnóstico

Vamos tomar de empréstimo um termo bastante utilizado na medicina que é o de diagnóstico. O diagnóstico vem sendo utilizado como um instrumento para o conhecimento do estado do paciente. Isso se dá através da análise dos sinais e dos sintomas por ele apresentados. Por isso, o diagnóstico é um dos procedimentos que fundamentam a atuação dos médicos e leva em conta, entre outros fatores, também o histórico do paciente. Pois bem, no campo da gestão, o diagnóstico é entendido como uma descrição minuciosa da situação do nosso "paciente": a empresa. Assim, ele é entendido como uma das ferramentas mais importantes que dispomos para conhecer as especificidades do ambiente onde vamos atuar e nos fornece os dados que precisamos para agir.

Obviamente, antes de tomar qualquer atitude é preciso diagnosticar o "estado das coisas". Esse é o primeiro passo para a implantação de qualquer política de recompensa, especificadamente: Quem são meus funcionários? Como eles se sentem em relação a minha empresa? Eles estão satisfeitos ou insatisfeitos? O que já está bom? O que pode ser melhorado? A sondagem interna é uma das ferramentas mais antigas e eficientes para realizar o diagnóstico das variáveis mais intervenientes na qualidade de vida e de trabalho.

O modelo que eu proponho parte da identificação do nível de felicidade/bem-estar do colaborador em relação à empresa em que ele trabalha. Uma das formas mais utilizadas para responder a esses questionamentos é o inquérito/questionário, tendo em vista que ele atinge maior número de pessoas simultaneamente e obtém respostas mais rápidas e exatas. Esse questionário não pode ser feito de qualquer maneira. Ele deve ser elaborado por uma equipe competente e adequado ao contexto em que será aplicado.

Um questionário devidamente elaborado deve levar em consideração dois aspectos fundamentais: sua validade e sua confiabilidade. A validade corresponde ao nível com que a escala utilizada realmente mede o objeto para o qual ela foi criada para medir. Por sua vez, a confiabilidade pode ser entendida como o grau com que as medições estão isentas de erros, ou seja, para avaliar a magnitude com que os itens de um instrumento estão correlacionados (CORTINA, 1993). Esses cálculos podem ser feitos através de programas de computador. Atualmente, existe um variado leque de programas que fazem as análises de confiabilidade com precisão. Mas é claro que essas análises devem ser feitas por pessoas com habilidade para tanto. Se as análises de validade e confiabilidade forem positivas, significa que o questionário está pronto para uso.

Além disso, é imprescindível que o questionário busque captar dados sobre os funcionários, como faixa etária e sexo. Digo isso porque precisamos caracterizar nossa amostra. Que tipo de colaborador minha empresa emprega? São homens ou mulheres em sua maioria? São jovens ou não? Possuem filhos? Há quanto tempo trabalham na empresa? Há quanto tempo desempenham a função atual? Esses são alguns dos dados que podemos obter e que nos ajudarão a adequar o salário emocional à realidade dos colaboradores que dispomos.

Para exemplificar o que foi exposto, basta imaginar que, se a maioria dos meus colaboradores é composta de homens e mulheres que possuem filhos de 0 a 5 anos, seria interessante pensar em oferecer algum tipo de programa que estabeleça um horário mais flexível para que eles possam acompanhar o desenvolvimento de seus filhos ou até mesmo dispor de creche para eles. Por outro lado, se minha empresa dispõe de colaboradores jovens e que ainda não possuem filhos, seria mais interessante oferecer oportunidades de qualificação ou treinamentos. Creche seria pouco atrativa ou útil para esse perfil de colaborador. Seja como for, o primeiro passo é conhecer seus funcionários!

Ainda com relação ao questionário proposto, podemos mensurar o salário emocional através da análise da satisfação/insatisfação dos colaboradores com as seguintes dimensões:

- Política da empresa.
- Estilo de liderança.
- Confiança.
- Estrutura física do trabalho.
- Condições de trabalho.
- Remuneração.
- Tipo de trabalho a ser desempenhado.
- Relacionamento dentro da empresa.

- Possibilidade de crescimento profissional e pessoal.
- Comunicação.
- Conciliação entre a vida pessoal e profissional.

Cada uma dessas dimensões é subdividida em um conjunto de variáveis específicas que permitem vislumbrar o grau de satisfação/insatisfação do colaborador. Quando traçamos um perfil do colaborador, podemos obter bases mais sólidas para tomadas de decisão mais eficientes. Por exemplo, se os colaboradores, através do questionário, evidenciaram insatisfação com a dimensão comunicação, esse ponto, certamente, deverá ser mais bem trabalhado na empresa.

Os colaboradores ainda podem ser instigados a apontar os fatores que mais propiciam bem-estar na organização e o que pode ser melhorado. Isso pode ser feito através de questões subjetivas de respostas abertas inseridas no questionário. Assim, fica mais fácil conhecer os colaboradores e identificar suas necessidades.

2 Aplicação

Depois de administrar o questionário, faz-se a tabulação para a devida conferência dos dados, os quais foram obtidos por meio de perguntas fechadas. Para sua análise e interpretação, serão utilizadas técnicas de estatística descritiva, tendo-se o cuidado de fazer a respectiva correlação entre as variáveis. Já os dados obtidos por meio de respostas abertas, podem ser averiguados à luz do método de análise de conteúdo.

De posse da análise dos dados, verifica-se a segunda etapa do procedimento, a aplicação do salário emocional. Como vimos no capítulo anterior, a pesquisa revelou que as pessoas, por diversos motivos, se sentem felizes na organização em que trabalham, especialmente, pelo bom relacionamento entre os colegas, o bom ambiente e a oportunidade de desenvolvimento pessoal e profissional que a organização oferece.

Levando em consideração que os indicadores citados possuem maior peso na hora de os colaboradores avaliarem as empresas em que atuam, esses pontos devem ser melhorados por elas. Algumas sugestões:

- Bom relacionamento entre os colegas de trabalho

A pesquisa apontou que um dos fatores que compõem o salário emocional é o relacionamento amigável entre os colegas de trabalho. As relações interpessoais que se estabelecem entre colaboradores e colaboradores e entre colaboradores e líderes são fatores que pesam na hora de uma pessoa avaliar uma empresa ou organização. Os colaboradores indicaram que tendem a permanecer em empresas que propiciam o desenvolvimento de relações saudáveis. Coisas simples como um "bom dia!" ou até mesmo as atitudes de companheirismo entre os colegas. Evitar conflitos e procurar construir relacionamentos saudáveis é uma das chaves para o sucesso. Isso fica evidente, uma vez que compreendemos que o bom relacionamento é fundamental para a realização de qualquer atividade em equipe. O que significa também que as pessoas acabam se dedicando mais quando estão interagindo com pessoas agradáveis e comprometidas.

Convém enfatizar que o bom relacionamento depende, primordialmente, do aprimoramento de duas dimensões da Inteligência Emocional: a empatia e a habilidade de desenvolver relações interpessoais. Saber lidar com o outro significa tentar se colocar no lugar dele. Buscar reconhecer e compreender suas emoções e atitudes. É, também, não fazer com o outro o que eu não quero que faça comigo. Por isso, seja sempre gentil. Cumprimente todos os colegas de trabalho e não apenas aqueles que fazem parte do "alto escalão" da empresa. Saiba ouvir e também ser grato e, quando possível, retribua favores. As pessoas não são iguais, então, busque respeitar as diferenças culturais e religiosas. Ademais, aja sempre com profissionalismo e guarde as brincadeiras para depois do horário de trabalho.

Existem algumas iniciativas que podem melhorar o relacionamento com os colegas no local de trabalho. Por exemplo, os líderes podem propiciar momentos que favoreçam a socialização: dinâmicas, happy hours, palestras, entre outros. No contexto em que vivemos, marcado pela impessoalidade, podemos perceber que as relações estão se tornando cada vez mais frias, efêmeras, porque, muitas vezes, os colaboradores não se conhecem. Então, criar espaços para que ocorra interação entre eles é importante para o desenvolvimento de um bom ambiente de trabalho.

Essas dinâmicas ou atividades devem focar em experiências que envolvam trocas de impressão entre os colaboradores e que proporcionem uma avaliação das situações que ocorrem no dia a dia da empresa. Devem apontar o que pode ser melhorado e o que já está bom. Para além da interação entre colaboradores, palestras, oficinas, cursos e workshops podem propiciar momentos de aprendizagem no intuito de construir bons relacionamentos.

Há algum tempo, desenvolvo atividades que visam aprimorar o relacionamento interpessoal entre colaboradores. Na dinâmica do "colaborador empreendedor", os colaboradores têm a oportunidade de assumir o papel de liderança e sugerir formas diferentes de fazer os mesmos processos e tarefas. É uma prática que consiste basicamente em fazer o colaborador "vestir a camisa" da empresa e propiciar um ambiente de socialização salutar.

Desse modo, fica perceptível que uma empresa que busca alcançar ou manter sucesso deve direcionar sua atenção para a criação de estratégias não apenas voltadas para o mercado, mas também para as pessoas que nela atuam. Buscar consultoria, fornecer treinamentos para seus funcionários, promover palestras e workshops são ferramentas eficazes tanto para promover a socialização como para a qualificação dos colaboradores.

- Bom ambiente de trabalho

Levando em consideração o contexto em que vivemos, sabemos que em nossa sociedade as pessoas passam cerca de 8 horas por dia no local de trabalho. Isso corresponde a um terço do nosso tempo disponível. Por conta disso, boa parte dos colaboradores apontou o ambiente de trabalho como indicador de peso e um fator de impacto que compõe o salário emocional. Isso mostra também que um bom ambiente de trabalho se correlaciona positivamente com a motivação e a produtividade.

Propiciar um bom ambiente de trabalho significa levar em conta fatores como condições de trabalho, horários e bem-estar físico dos colaboradores. Ou seja, ele não se relaciona apenas às condições físicas do local de trabalho, mas também com as condições sociais, culturais e econômicas. Para tanto, uma boa ferramenta seria criar programas específicos que proporcionassem satisfação aos colaboradores. Isso é específico de cada empresa. Todavia, sabemos que podem ser indicadas atitudes como:

- **Melhorar as condições de trabalho:** oferecer materiais e ferramentas adequadas à tarefa a ser desenvolvida. Além, evidentemente, de propiciar um ambiente físico apropriado para o trabalho.
- **Melhorar a comunicação:** deixar claro os objetivos e as metas e permitir um *feedback* positivo.
- **Promover saúde:** inserem-se fatores como promoção da saúde ocupacional, terapias e grupos de apoio.
- **Promover segurança:** inserem-se fatores como adaptação do ambiente para portadores de deficiência física e a criação de Comissões Internas de Prevenção de Acidentes.

- **Estabelecer carga horária justa:** a jornada de trabalho deve respeitar a legislação vigente e, em casos possíveis, ser flexível.

- **Promover a integração social:** oportunizar espaços e momentos de sociabilização que respeitem as diferenças.

Essas são algumas ferramentas que podem proporcionar o bom ambiente de trabalho e, consequentemente, alavancar o desempenho da sua empresa. Mais do que isso, são atitudes que valorizam o colaborador e melhoram sua qualidade de vida e de trabalho.

- Oportunidade de desenvolvimento pessoal e profissional

Outro fator bastante citado pelos colaboradores da pesquisa e que ajudam a compor o salário emocional foi a oportunidade de desenvolvimento pessoal e profissional. Esse fator se relaciona basicamente com criar meios que façam o colaborador se sentir reconhecido e que oportunize a conciliação de seus interesses com os da empresa. Relaciona-se também com a disposição da liderança em aproveitar as habilidades específicas de seus colaboradores, conceder autonomia na execução de tarefas e proporcionar ações que os potencializem, que os aprimorem.

Uma das formas de promover esse desenvolvimento é a liderança estimular a participação, ou seja, chamar os funcionários para colaborar nas tomadas de decisão. É uma atitude simples, mas que incentiva o envolvimento organizacional afetivo. O funcionário passa a se sentir parte daquele espaço.

Posso citar ainda programas, cursos e treinamentos. O mercado de trabalho hoje é composto também por jovens que buscam se qualificar e se aperfeiçoar na área de atuação. Oferecer oportunidade de qualificação é uma boa maneira de atrair esses jovens talentos em busca de experiência profissional. Além disso, estabeleça um plano de carreira. As pessoas buscam crescer profissionalmente, então, dê oportunidades de promoção para seus funcionários.

A premissa desse tipo de ferramenta é a da conciliação, um dos conceitos mais em voga quando se fala em gestão de pessoas. Trata-se de oportunizar a conciliação dos interesses dos indivíduos com o das organizações. Se os colaboradores se identificam com o que fazem, com os objetivos da empresa, e se percebem que isso de alguma forma proporciona satisfação e crescimento pessoal e profissional, com certeza ele vai se empenhar ainda mais.

3 Avaliação dos resultados

A avaliação dos resultados é o último passo que eu proponho nesse modelo. Depois de realizar o diagnóstico dos fatores que mais contribuem para a melhoria da qualidade de vida e de trabalho (através de sondagens e inquéritos), e depois de pôr em prática atitudes que atendam as necessidades dos colaboradores, é preciso avaliar os resultados.

Algumas atitudes elencadas podem funcionar em sua empresa e, em outras, não. Isso porque, como já mencionei, o salário emocional depende da estrutura da empresa e das necessidades de cada funcionário. Depois de aplicar as medidas indicadas pelos inquéritos, não se assuste se os resultados não aparecerem no dia seguinte. Leva um tempo para que elas sejam incorporadas pela cultura da organização. Dê espaço para que os colaboradores e a empresa se adaptem.

Depois de alguns meses, faça outro diagnóstico e compare as informações obtidas no primeiro e no segundo. Observe os resultados e verifique o que deu certo e o que pode ser melhorado.

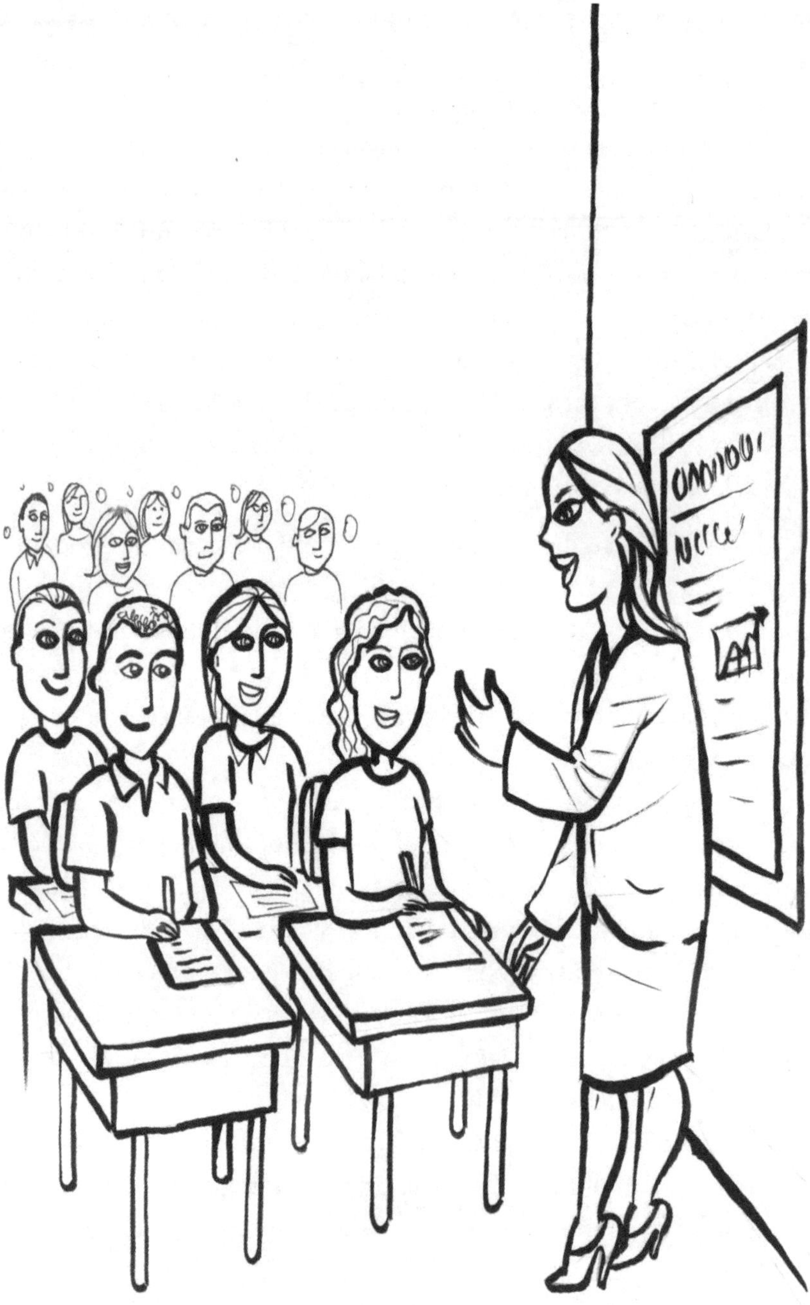

Considerações finais

Este livro teve como proposta aprofundar o estudo sobre o salário emocional e sua importância para a motivação e a produtividade dos colaboradores nas organizações. Para tanto, percorri um caminho que, primeiramente, buscou demonstrar o impacto da Inteligência Emocional e das ações emocionais no ambiente de trabalho. Depois, identifiquei o papel que o líder desempenha no processo de gestão dessas ações, enfocando também as diversas tipologias de líder e como cada uma influencia as relações que se estabelecem nas organizações. Segui apresentando os conceitos de remuneração, salário, incentivos salariais e benefícios, com a finalidade de formar uma base conceitual para que, posteriormente, fosse possível diferenciar o salário tradicional do salário emocional. Na sequência, abordei a questão da motivação e como ela se relaciona com a produtividade, uma vez que um dos objetivos do salário emocional é justamente incitar a motivação para o labor, a produção. Foi com base nesse percurso que finalmente pude construir uma definição para salário emocional.

Na perspectiva adotada, o salário emocional foi definido como o conjunto de benefícios adicionais ao salário financeiro que uma organização oferece aos seus colaboradores e que os motiva a desempenhar bem a sua função e a querer permanecer na empresa. O salário emocional não pode ser mensurado nem se encontra no contracheque dos funcionários. Apesar disso, ele vem sendo cada vez mais conceituado pelos colaboradores na hora de avaliar as empresas em que atuam.

Entre outras vantagens, o salário emocional faz com que os colaboradores se sintam reconhecidos e valorizados em seu trabalho. Por outro lado, ele traz proveitos também para as organizações, pois motiva os funcionários, fazendo com que eles trabalhem satisfeitos e aumentem a produtividade. Além disso, diminui o absenteísmo, uma vez que colaboradores motivados e comprometidos faltam menos.

Com relação aos fatores que podem ser elencados para formar o salário emocional, eles são diversos e subjetivos, variando de acordo com as necessidades de cada colaborador. Apesar disso, foi possível identificar os principais. A pesquisa denotou que o bom relacionamento com os colegas e o bom ambiente de trabalho são os principais indicadores que formam o salário emocional e que proporcionam a sensação de bem-estar entre os colaboradores das organizações.

Nesse sentido, o salário financeiro não se apresentou como o fator predominante para que um funcionário se sentisse atraído a continuar atuando em determinada empresa. Na verdade, outros benefícios foram citados antes do salário em si. O salário financeiro apareceu na terceira posição. Por fim, os colaboradores citaram a oportunidade de desenvolvimento pessoal/profissional dentro da empresa (3%) como um fator motivador.

O que se pode concluir é que a felicidade no trabalho e a motivação dos colaboradores não estão associadas apenas ao salário financeiro. O funcionário que recebe pouco pode estar mais feliz e mais motivado em seu trabalho do que o funcionário que recebe o maior salário da empresa. Não se quer dizer com isso que o salário financeiro não pese na motivação. Não é isso, todos têm contas para pagar e bens e serviços que desejam possuir. Mas, em se tratando de motivação e felicidade no trabalho, o que acaba pesando mais são os fatores emocionais. Desse modo, o envolvimento, os bons relacionamentos, o senso de companheirismo da equipe e a afetividade deixam de ser apenas jargões e passam a tornar-se uma realidade cada vez mais próxima. E a pesquisa evidenciou que o salário emocional tem um peso igual ou maior do que o financeiro.

Posfácio

A vida nos proporciona encontros inesperados e inspiradores. Uma historiadora e uma administradora, ambas em processo de construção, que as circunstâncias trataram de aproximar fortuitamente. Conheci a Marina Simão quando ela estava desenvolvendo sua pesquisa de mestrado e posso dizer que acompanhei esse percurso, com suas dificuldades e contentamentos. Por outro lado, ela me conheceu num momento de incerteza profissional e, com sua presença inspiradora, me ajudou a encontrar o meu caminho. Por isso, estou hoje honrada e extremamente feliz em escrever estas palavras.

O livro, como vocês tiveram a oportunidade de observar, proporciona uma reflexão sobre um tema que nós ouvíamos falar com cada vez mais frequência, mas que ainda não sabíamos exatamente do que se tratava. O salário emocional, como bem definiu Marina, é uma maneira de motivar as pessoas através de recompensas não financeiras, mas emocionais. É um termo que veio para transformar nossa percepção sobre a remuneração e sobre o trabalho. E, além disso, é um conceito que nos aproxima da compreensão de que o ambiente de trabalho não deve se constituir apenas de tarefas e metas, mas também da interação e do convívio salutar entre as pessoas.

O livro possui outros méritos. Ele aborda a trajetória de amadurecimento de uma pesquisadora e de uma profissional dedicada em busca de construir um conceito. Nesse processo, ela acabou abordando temas diversos, mas que de uma forma ou de outra contribuem para a compreensão geral da proposta. A proposta, a meu ver, chama a atenção também para um processo complexo que vem se cristalizando em nossa sociedade, que é a mecanização das relações humanas. Hoje, nos acostumamos tanto a nos relacionar através de aparelhos eletrônicos, que estamos perdemos cada vez mais a capacidade de nos comunicar face a face. Em virtude disso, até mesmo um "Bom dia!" entre pessoas que se encontram ocasionalmente na rua está escasso.

No espaço de trabalho, isso se torna mais evidente, uma vez que é criado um clima de competição entre os colaboradores, em virtude de cargos ou promoções. Marina, ao abordar o salário emocional, faz um convite a essa reflexão sobre a importância das relações interpessoais e sobre como podemos melhorar o ambiente de trabalho. A autora debruça seu olhar sobre o tema e nos mostra como atitudes simples afetam positivamente as pessoas e as fazem se sentir valorizadas. Por isso, o salário emocional não é apenas de interesse de administradores ou gestores. Ele é de interesse geral.

Teresina, 1º de setembro de 2017.

Gabriela Monteiro
Professora Mestra em História do Brasil

Referências

BAKER, D., GREENBERG, C. E HEMINGWAY, C. What happy companies know. **Pearson education**. Nova Jérsia. USA, 2006.

BARCELÓ, J. C.; LEAL, J. El salario emocional. "El salario económico atrae talento. El Salario Emocional lo vuelve exitoso". **Ecolaboral**. 2016. Disponível em: <http://www.ecolaboralconsulting.com/download/art%C3%ADculos/SALARIO-EMOCIONAL-ARTICULO-JUNIO-2016.pdf> Acesso em 09 de maio de 2017.

BARNEY, J. B. Firm resources and sustained competitive advantage. **Journal of Management**, 17, pp. 99-120, 1991.

BERGAMINI, C. W. **Liderança:** administração do sentido. São Paulo: Atlas, 1994.

BERGAMINI, C. W. **Motivação nas organizações**. São Paulo: Atlas, 1999.

CHIAVENATO, I. **Gestão de pessoas**. 2. ed. Rio de Janeiro: Elsevier, 2004.

_____. **Introdução à teoria geral da administração**. Ed. compacta. 2. ed. Rio de Janeiro: Campus, 2000.

DELGADO, M. G. **Curso de direito do trabalho**. 15. ed. São Paulo: LTr, 2016.

FAVARIM, F. N. Um estudo sobre remuneração em seus aspectos jurídico-administrativos. **Bioenergia em revista:** diálogos, v. 1, n. 2, p. 80-92, jul./dez. 2011.

FISHER, C. D. Happiness at work. **International Journal of Management Reviews**, v. 12, p. 384-412, 2010.

FORTIN, M. **O processo de investigação**. Portugal: Lusociência, 2003.

GARDNER, H. **Inteligências múltiplas:** a teoria na prática. Porto Alegre: Artes Médicas, 1995.

GIL, A. C. **Gestão de pessoas:** enfoque nos papéis profissionais. 9. reimpr. São Paulo: Atlas, 2009.

GOLEMAN, D. **Emotional intelligence**. New York: Bantam Books, 1995.

HERZBERG, F. Novamente: como se faz para motivar funcionários? In: BERGAMINI, C., CODA; R. (Org.). **Psicodinâmica da vida organizacional** – motivação e liderança. 2. ed. São Paulo: Atlas, 1997.

HUNTER, J. C. **O monge e o executivo** – uma história sobre a essência da liderança. Tradução Maria da Conceição Fornos de Magalhães. Rio de Janeiro: Sextante, 2004.

KATZ, R. L. Skills of an effective administrador. **Harvard Business Review**, jan. fev. 1955, p. 33-42.

KRAUSE, W. M. **Chefia:** conceitos e técnicas. São Paulo: Atlas, 1981.

MARRAS, J. P. **Administração de recursos humanos:** do operacional ao estratégico. 13. ed. São Paulo: Saraiva, 2009.

MARTINS, S. P. **Direito do trabalho.** 24. ed. São Paulo: Atlas, 2008.

MAXIMIANO, A. C. A. **Teoria geral da administração:** da escola científica à competitividade na economia globalizada. 2. ed. São Paulo: Atlas, 2000.

_____. **Teoria geral da administração:** da revolução urbana à revolução digital. 6. ed. São Paulo: Atlas, 2007.

MAXIMIANO, A. C. A. **Teoria geral da administração:** da revolução urbana à revolução industrial. 4. ed. São Paulo, 2004.

MOSENG, B. E ROLSTADAS, A. **Success factors in the productivity process**, 10th world productivity congress, 2001. Disponível em: <http://www.pomsmeetings.org/ConfPapers/015/015-0560.pdf>. Acesso em: 30 de junho de 2017.

OLIVEIRA, E. DE J. **Felicidade no trabalho:** um estudo de caso na empresa Cervantes em Montes Claros, Minas Gerais. Dissertação (Mestrado Profissional em Administração). Fundação Pedro Leopoldo, Pedro Leopoldo, Brasil, 2013.

PASCHOAL, T.; TAMAYO, A. Construção e validação da escala de bem-estar no trabalho. **Avaliação Psicológica.** v. 7, n. 1, p. 11-22, 2008.

REGGIANI, B. G., PRADA, N. e FIGUEREDO, D. F. **Gestão da produtividade:** metodologia aplicada a uma indústria de bebidas. XII SIMPEP – Bauru, SP, Brasil, 07 a 09 de novembro de 2005.

REGO, A. (2009). Empregados felizes são mais produtivos? **Revista de Estudos Politécnicos,** v. VII, n. 12, pp. 215-233, 2009.

ROBBINS, S.P. **Comportamento organizacional**. 9. ed. São Paulo: Prentice Hall, 2002.

ROTHMANN, I.; COOPER, C. **Fundamentos de psicologia organizacional e do trabalho**. Rio de Janeiro: Elsevier, 2009.

SALOVEY, P.; MAYER, J. D. Emotional Intelligence. In: **Imagination, cognition and personality**. 9, 185-211, 1990.

ZANELLA, G. **Felicidade no trabalho:** fatores influenciadores no desempenho organizacional e operacional. Unoesc & Ciência - ACSA Joaçaba, v. 7, n. 1, p. 59-66, jan./jun. 2016.

Este livro foi composto na tipologia Minion Pro, em corpo 11,5/16 e impresso em papel off-white pela Gráfica e Editora Halley.